RUPES NIGRA

HARMSWORTH-INSEL

KOREA

SANDY ISLAND

JUAN DE LISBOA

TERRA AUSTRALIS INCOGNITA

mare

Dirk Liesemer

LEXIKON DER PHANTOM INSELN

mare

Für Andrea

INHALT

VORWORT

Jahrhundertelang glaubten Seefahrer, Könige, Militärs, Piraten und Kartenmacher an die Existenz von Inseln, die es in Wirklichkeit niemals gegeben hat. Immer wieder rückten Expeditionen aus, um sie zu erkunden. Und nicht wenige Kapitäne erzählten, sie hätten tatsächlich Aurora oder Breasil betreten, Frisland, Juan de Lisboa, die Insel Kalifornien oder den Südkontinent Terra Australis.

Die Geschichten der dreißig Phantominseln dieses Buches sind dreißig Reisen durch die Ozeane und kreuz und quer durch die Weltgeschichte. Jede Insel hat ihre ganz eigene Geschichte, doch zwischen den Zeilen blitzen das Denken und die Vorstellungen jener Epoche auf, in der eine Geschichte aufkam oder weitergetragen wurde. So postulierten Geografen wohl nicht zufällig just zu jener Zeit eine Magnetinsel, als sich in Europa die ersten Kompasse verbreiteten. Unter den Konquistadoren kursierten Vorstellungen von einem sagenhaften Gold-Eiland und einer schroffen Felseninsel, auf der halb nackte Amazonen lebten. Gläubige Christen träumten derweil von einem Utopia frommer Katholiken mitten im Atlantik und fürchteten sich zugleich vor Satanazes, der Insel des Teufels.

Nicht wenige Inseln sind alten Geschichten oder mythischen Berichten entnommen, Thule etwa oder Atlantis, das in der Neuzeit als ernsthafte Spekulation in die Karten gelangte. Andere Inseln entstammen mündlichen Überlieferungen. So soll schon im 6. Jahrhundert der irische Priester Brendan nach einer Insel der Glückseligen gefahndet haben. In mehr als hundert Varianten ist seine Irrfahrt überliefert. Wieder andere Inseln gehen auf sonderbare Logbucheinträge, flirrende

Luftspiegelungen oder simple Missverständnisse zurück, auf feinsinnige Scherze, handfesten Betrug oder üble Protzerei. Wie sich die jeweiligen Zutaten zu einer Geschichte verdichteten, wie Seefahrer ihre eigenen Erlebnisse mit Gehörtem mischten, darüber lässt sich nur spekulieren.

Mit den Entdeckungsfahrten kamen massenhaft Irrtümer in die frühen Inventare geografischen Wissens. Die ersten Karten enthielten zunächst kaum mehr als Listen von Häfen und gefährlichen Brandungen. Manche Mutmaßungen gründeten auch in kuriosen Theorien wie jener vom Gleichgewicht der Erde. Damit sollten große Landmassen auf der Südhalbkugel oder am nördlichen Polarkreis theoretisch bewiesen werden. Während etliche Phantominseln auf den Karten wie führerlose Schiffe umhertrieben, immer am Rande der bekannten Welt, waren von anderen sogar Flüsse, Berge und Städte namentlich bekannt.

Viele Inseln waren Sehnsuchtsorte. Die Philosopheninsel Kantia etwa, aber auch Sankt Brendan oder Antilia, welche darüber hinaus wohl erst Kolumbus' Reise nach Westen ermöglichte. Und immer wieder stritten Staaten um nicht existente Inseln. England etwa erklärte kurzerhand ein gutes Dutzend zu altem königlichen Besitz. Die Vereinigten Staaten sicherten sich durch ihren Unabhängigkeitskrieg zwei vermeintliche Inseln im Oberen See. Sogar die Internationale Datumsgrenze erhielt einmal einen Knick nach Westen, damit der Tag über einer amerikanischen Phantominsel endete.

Oft ist die Widerlegung der Existenz einer Insel spannender, aber auch komplizierter und gefährlicher als deren Entdeckung. Unter den Gegenspielern der Entdecker tummelten sich nicht wenige Deutsche, etwa der Luftfahrtpionier Hugo Eckener, der Zoologe Carl Chun oder der Polarforscher Wilhelm Filchner, der noch zu Beginn des 20. Jahrhunderts sein Leben für den Nachweis einer Nichtexistenz riskierte.

Diese dreißig Geschichten sind keineswegs nur kurios. Sie lassen sich als Teil einer viel größeren Erzählung lesen: Immerzu versuchen wir Menschen uns einen Überblick über die Welt zu verschaffen und sind doch der ständigen Vorläufigkeit allen Wissens ausgeliefert. Wir streben nach endgültiger Gewissheit und blicken dabei kaum über den Tellerrand unserer Zeit hinaus. Zu schnell wird vergessen, dass Kartografen erst lernen mussten, Legenden, Meinungen und Fakten zu unterscheiden. Lange brauchte es, bis sich ein verlässlicher Wissensschatz angesammelt hatte. Das präzise Bild der Erde, wie wir es kennen, ist eine sehr junge Errungenschaft.

Heute ist so ziemlich alles erkundet, vermessen und erforscht. Zuweilen aber tauchen alte Entdeckungen plötzlich wie Treibgut wieder auf. Vor wenigen Jahren erst stritten mexikanische Parlamentarier über den Verbleib einer Insel im Golf von Mexiko. Zuletzt gab es im September 2012 Presseberichte über die vergebliche Suche nach einer Pazifikinsel, die es sogar auf die digitalen Karten geschafft hatte.

Vermutlich stehen noch Dutzende, vielleicht sogar Hunderte von Phantominseln in den Navigationskarten. Schließlich zählt allein Indonesien 13 677 Eilande. Weltweit dürfte es 130 000 geben, vielleicht auch 180 000 − genug Projektionsflächen für neue fabelhafte Geschichten. Erst am 19. Februar 2000 begann eine der jüngsten Erzählungen. In einem Zeitungsbericht hieß es, dass die Astronauten der *Endeavour* einen unbekannten Archipel in der Andamanensee ausgemacht hätten, einem Randmeer des Indischen Ozeans. Dort seien deutlich sieben Inseln zu erkennen gewesen, die in einem Kreis vor der Küste Thailands lägen. In dessen Mitte solle ein noch größeres Eiland pupillenartig hervorstechen. Das Ensemble habe ausgesehen wie das Auge eines Elefanten. Und wer weiß, vielleicht werden auch diese Inseln in die Karten gelangen, ehe herausgefunden wird, dass sie gar nicht existieren.

ANTILIA · ATLANTIK

[ATULLIA, ANTILLIA, ILHA DAS SETE CIDADES]

Position 31. Breitengrad

Größe wie Portugal

Sichtungen 1447

Karten Gebrüder Pizzigano (1376),
Zuane Pizzigano (1424), Martin Behaim (1492)

IRLAND

Kanarische Inseln

ANTILIA

Kapverdische Inseln

GUINEA

Vielleicht hätte sich Christoph Kolumbus niemals so weit auf den Atlantik hinausgewagt. Weit draußen auf dem Ozean, heißt es im 15. Jahrhundert, liege eine Insel namens Antilia. Wer sich aufmache, um einen Seeweg nach Asien zu finden, könne vor ihrer Küste ein letztes Mal ankern. Dort lassen sich frisches Wasser, Früchte, Nahrung und vieles mehr an Bord nehmen. »Diese Insel besitzt solch einen Überfluss an wertvollen Steinen und Metallen, dass die Tempel und königlichen Paläste mit goldenen Platten bedeckt sind«, schreibt der Florentiner Gelehrte Paolo dal Pozzo Toscanelli am 25. Juni 1474 in einem Brief.

Seit Langem erkunden Seefahrer die Wasserwelt des Atlantiks und finden immer wieder neue Inseln wie die Azoren und die Kanaren. Noch weiß niemand, wie weit sich der Ozean überhaupt nach Westen erstreckt. Irgendwann, so wird spekuliert, müssten die Küsten Asiens erreicht sein, von denen Marco Polo berichtete, das reiche China, das rätselhafte Japan.

Um nach Antilia zu segeln, schreibt Toscanelli weiter, müsse man sich nur von Lissabon aus strikt westwärts halten. Wie viele Tage es mit dem Schiff bis zur Insel dauert, notiert er nicht. Aber von dort aus sei es nicht mehr weit bis nach Japan. »Nur noch 225 Leagues«, meint er, knapp 1100 Kilometer. Seinen Brief schickt er an den Lissabonner Domherrn Fernando Martinez, einen Vertrauten des portugiesischen Königs, in dessen Namen zahlreiche Expeditionen stattfinden. Und der Florentiner fertigt noch eine Abschrift an, für seinen Freund, den Seefahrer Christoph Kolumbus. Damit hat dieser die vermeintliche Sicherheit, dass eine Reise über den Atlantik ein überschaubares Wagnis bleibt, wenn er nur Antilia findet.

Paolo dal Pozzo Toscanelli ist nicht der Erste, der von Antilia berichtet. Der Name dieser Insel, jedenfalls ein sehr ähnlicher, steht bereits 1367 auf einer Karte der venezianischen Brüder Domenico und Francesco Pizzigano: Eine Insel haben sie zwar nicht eingezeichnet, aber ganz im Westen, neben dem Bild eines Mannes, der seine Hand ausstreckt, steht kaum lesbar: »Hier sind die Statuen, die vor der Küste von Atullia zum Schutz der Seeleute aufgestellt wurden; weil weiter draußen die abscheuliche See tobt, in der Segler nicht mehr navigieren können.« Wahrscheinlich sind mit den Statuen die Säulen des Herkules gemeint. Der Legende nach sollen sie jedes Schiff vor dem Meer der Finsternis warnen, jenen unbekannten Regionen des westlichen Atlantiks.

Jahrzehnte nach den beiden Brüdern zeichnet ihr Nachfahre Zuane Pizzigano erstmals eine Insel mit roter Signalfarbe in seine Atlantikkarte von 1424: Westlich von Portugal liegt sie wie ein breiter, rechteckiger Balken im Ozean, daneben steht *ista ixola dixemo antilia, diese Insel heißt Antilia*. Sie sieht aus wie ein Spiegelbild Portugals, und ihr Name leitet sich vom portugiesischen *ante-ilha* ab, zu Deutsch *Vor-Insel* oder auch *gegenüberliegende Insel*. Sie hat sieben Buchten, die wie Kleeblätter ins Landesinnere reichen. An einer jeden ist eine Stadt errichtet. Nördlich von Antilia ragt noch ein weiteres rechteckiges, etwas kleineres Eiland aus dem Meer: eine blaue Insel mit Namen Satanazes, → Teufelsinsel.

Wohl nicht zufällig sieht Antilia so aus wie Portugal. »Im Jahr 734 nach der Geburt von Christus, als Schurken aus Afrika die hispanische Halbinsel überrannten, wurde Antilia, auch genannt Insel der Sieben Städte, vom Erzbischof von Porto und sechs weiteren Bischöfen und ihrem Gefolge, Männern wie Frauen, bevölkert, die aus Hispanien flohen mit ihrem Vieh und Eigentum«, berichtet der Nürnberger Kartograf Martin Behaim auf seinem Erdapfel, dem ersten Globus der Welt, von 1492. Allerdings irrt er sich mit den Jahresdaten: Die »Schurken aus Afrika«, die muslimischen Eroberer, nahmen die Iberische

Halbinsel nicht erst 734 ein, sondern hatten sie bereits 714 unterworfen.

Während Behaim seinen Globus fertigstellt, bricht Christoph Kolumbus mit seiner Flotte nach Westen auf. Wochenlang segelt er in Richtung Asien. Auch wenn es keine schriftliche Note von Kolumbus selbst gibt, so weiß er von der Insel und dürfte davon ausgehen, auf Antilia einen Zwischenstopp einlegen zu können. Zwar ist nichts schriftlich überliefert, aber fest steht, dass die Insel seine Pionierfahrt weit weniger gefährlich erscheinen lässt. Erst Tausende Kilometer westlich von jenem Punkt, an dem Antilia in den Karten eingezeichnet ist, sichtet sein Ausguck endlich Land: Es ist ein karibischer Archipel. Kolumbus tauft die Inselgruppe Antillen.

Nach seiner Rückkehr schrumpft Antilia auf den Karten. Allerdings spinnen Christen die Geschichte weiter: Sie träumen von einer Insel der Katholiken, einem christlichen Utopia, wo alte Riten bewahrt werden. Und sie erzählen sich sogar, dass schon einmal, im Jahr 1447, ein portugiesisches Schiff die Insel Antilia erreicht habe. Die Seefahrer seien dort auf Menschen getroffen, die Portugiesisch gesprochen hätten und als Erstes wissen wollten, ob die Muslime denn noch über ihre Heimat Portugal herrschten.

ATLANTIS · ATLANTIK

Position nördlich des Äquators
Größe wie Europa
Sichtungen unklar
Karten Athanasius Kircher (1644)

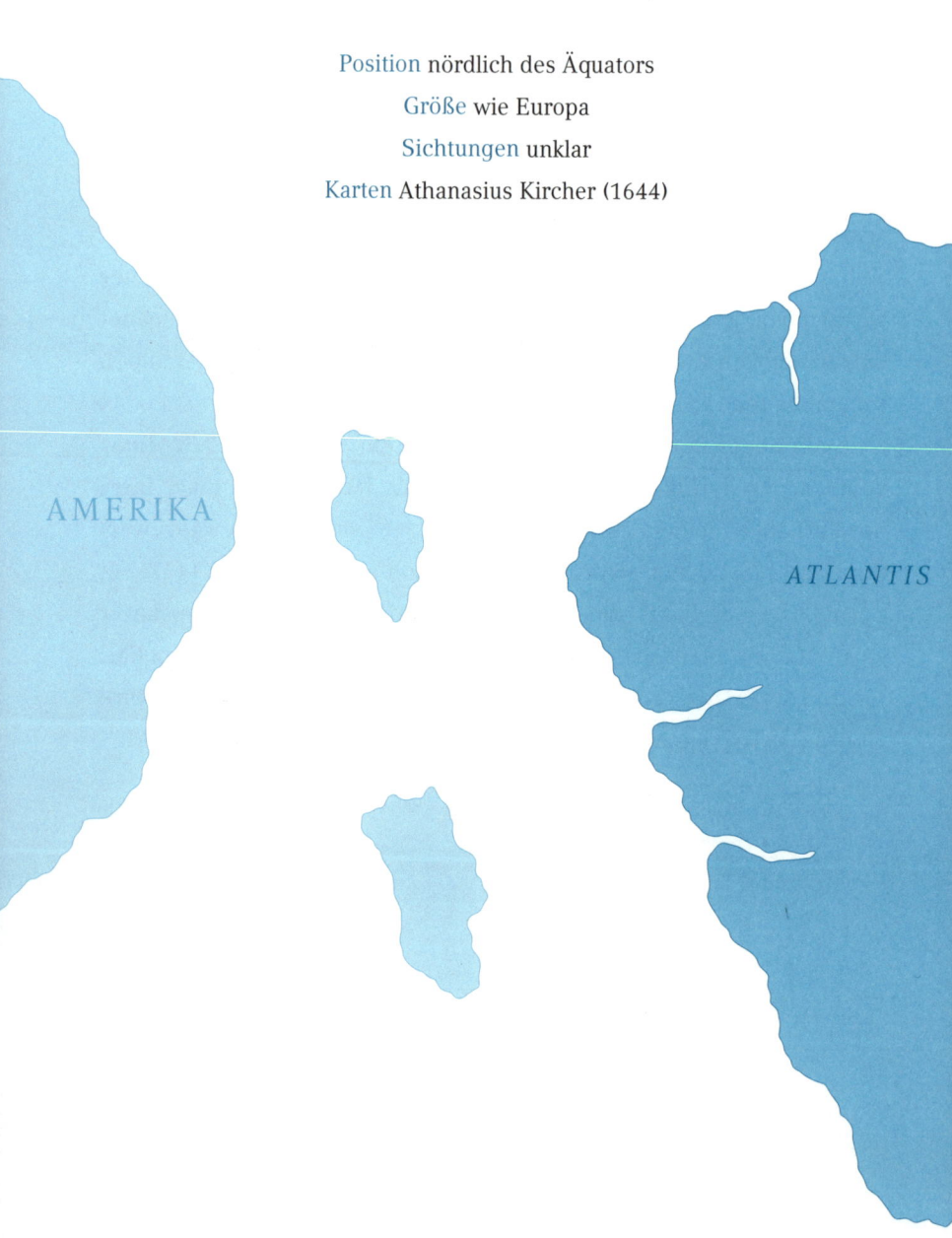

AMERIKA

ATLANTIS

HISPANIA

AFRIKA

Die Erde hat einen Körper und eine Seele. Wie das Blut im Menschen, so zirkulieren auch die Meeresströmungen. Bei Ebbe wird das Wasser ins Innere des Körpers gezogen, bei Flut wieder hinausgepumpt. Das Skelett, so argumentiert der Jesuit Athanasius Kircher, sind die Bergketten, die den Planeten zusammenhalten. Sie ziehen sich um den gesamten Erdkörper herum. Mal ragen sie wie die Alpen oder der Himalaja weit über dessen Oberfläche empor, dann tauchen sie ab und verlaufen auf dem Grunde der Ozeane. Mancherorts zeigen sich ihre höchsten Gipfel als Inseln.

Im 17. Jahrhundert zählt Kircher zu den großen Universalgelehrten. Er unterrichtet an der Jesuitenschule Collegio Romano in Rom, aus der einmal die Päpstliche Universität hervorgehen wird. Die griechischen Philosophen liest er im Original und beschäftigt sich mit Vulkanen, dem alten Ägypten oder der Frage, ob es wohl fliegende Drachen gegeben habe. Einmal fertigt er sogar zahllose Zeichnungen an, nur um herauszufinden, ob der Turm von Babel nicht vielleicht doch bis zum Mond gereicht haben könnte.

Um seine Skeletttheorie der Erde zu überprüfen, beginnt er, die Geschichte des sagenumwobenen Eilands Atlantis zu studieren. Laut Platon versank die Insel innerhalb nur eines einzigen Tages und einer unglückseligen Nacht im Atlantischen Ozean. Erst wurde sie von einem Erdbeben erschüttert, dann spülte eine Flut alles Land ins Meer. Und mit ihr alle Menschen, die auf ihr lebten. Mehr als neuntausend Jahre vor unserer Zeitrechnung soll die Katastrophe stattgefunden haben. Platon hatte sie um 360 v. Chr. aufgeschrieben und zitierte dabei Sokrates mit den Worten, der Stoff habe den großen Vorzug, dass er kein bloß erdichtetes Märchen sei, sondern auf eine wahre Geschichte zurückgehe.

Lange Zeit nehmen die Naturforscher an, dass Atlantis lediglich ein Mythos ist. Das ändert sich mit der Entdeckung der Neuen Welt, mit der niemand in Europa gerechnet hatte. Denn woher stammen die Menschen dort? Könnte es nicht einst noch weitere Welten auf unserer Erde gegeben haben?

Athanasius Kircher ist der erste Geograf, der Platons Atlantis in einer Karte verzeichnet. 1644 trägt er die Insel ungefähr auf halber Strecke zwischen Nordamerika und der spanischen Halbinsel ein. Er hält sich an die Überlieferung: Platon zufolge liege Atlantis, das größer sei als Nordafrika, jenseits der Säulen des Herakles weit draußen auf dem Atlantik. Auf Kirchers Karte ähneln die Umrisse von Atlantis jenen Südamerikas, so wie sie der flämische Kartenmacher Abraham Ortelius gezeichnet hat. Doch im Gegensatz zu Südamerika ist Atlantis dramatisch geschrumpft und einmal gedreht, sodass die Südspitze nach Norden zeigt. Neben dem Eiland steht: *Situs Insulae Atlantidis, a Mari olim absorpte ex mente Egyptiorum et Platonis descriptio*, was sich übersetzen lässt mit: *Lage der Insel Atlantis im Meer, von ägyptischen Quellen und Platons Beschreibung.*

Als seine Karte veröffentlicht wird, glaubt Europa begeistert an die Existenz des versunkenen Kontinents. Und Kirchers Mitteilung, er beziehe sich neben Platon auch auf ägyptische Quellen, unterstützt die Annahme, dass die alten Ägypter mehr wussten, als wir heute ahnen. Seine genauen Quellen verrät er jedoch nicht, auch nicht in seinem Buch *Mundus Subterraneus, Untergegangene Welt.*

Nicht auszuschließen, dass sich der Jesuit mit Atlantis nur einen Scherz erlaubte. Es wäre nicht der einzige Scherz von ihm. Vor seinen Zeitgenossen gab er gerne damit an, Hieroglyphen lesen zu können – lange bevor diese entziffert worden sind. Niemand wagte es, den anerkannten Gelehrten einen Betrüger zu nennen.

AURORA-INSELN · SÜDATLANTIK

Position 53° Süd, 48° West

Größe 118 km lang,

beziehungsweise mehrere Inseln

Sichtungen Vespucci (1504), *Aurora* (1762),

Alessandro Malaspina di Mulazzo (1794), *Helen Baird* (1856)

Karten Laurie & Whittle (1808)

30°

SÜDAMERIKA

40°

50°

Falklandinseln

AURORA-INSELN

Südgeorg

60°   50°   40°

Anfang 1504 sticht Amerigo Vespucci von Südamerika aus in See. Er segelt mit den Winden in Richtung Südosten, hinaus auf den kalten, rauen Südatlantik, der noch fast gänzlich unerkundet ist. Je weiter nach Süden seine Flotte gelangt, desto mehr verschwinden am Himmel die bekannten Sternbilder des Nordens. Sie tauchen nach und nach hinter dem Horizont ab. Am 3. April sind nicht einmal mehr der Kleine und der Große Wagen zu sehen. Seine Position bestimmt er auf 53° südlicher Breite. Demnach befindet er sich in der Nähe der Falklandinseln, die jedoch erst 1592 entdeckt werden.

Plötzlich zieht ein Sturm auf, der Wind heult, die Masten knarzen. »So gewaltig war das Unwetter, dass sich die ganze Flotte fürchtete«, notiert Vespucci. Wellen schlagen über Bug, das Meer spült schäumende Gischt auf Deck. Er lässt die Segel einrollen. Seine Schiffe sind 3000 Kilometer von Südamerika entfernt und treiben mitten hinein in den antarktischen Winter. Immer kürzer werden die Tage, immer länger die Nächte. »Jene des 7. April dauerte 15 Stunden.« Da taucht ein »neues Land« vor ihren Augen auf, eine »wilde Küste«, die in keiner Karte verzeichnet ist. Stundenlang segeln sie bei eisigem Wetter an der Insel entlang. »Wir sahen nicht einen einzigen Hafen oder Menschen.« Das Eiland misst fast zwanzig Leagues, gut 118 Kilometer. Schließlich gerät es außer Sicht, ohne dass Vespucci und seine Männer es betreten hätten.

350 Jahre lang bleibt die Insel verschwunden. Kartografen rätseln, ob Vespucci lediglich eine gewaltige Eisscholle gesehen haben könnte. Oder er sichtete ein vulkanisches Eiland, das wie → Atlantis im Meer versunken ist. Vielleicht ist er auch auf eine Fata Morgana hereingefallen.

1762 wird die Insel erneut gesichtet: Das spanische Handelsschiff *Aurora* reist von Lima in Peru nach Cádiz in Südspanien. Es umrundet

Kap Hoorn und durchquert den Südatlantik, bis an jenen Punkt, den Vespucci als Lage des Eilands angegeben hatte. Dort erspäht die Mannschaft jedoch gleich mehrere Inseln, die nach ihrem Schiff als Aurora-Inseln benannt werden.

Unter dem Oberkommando von Alessandro Malaspina di Mulazzo macht sich gut drei Jahrzehnte später das spanische Vermessungsschiff *Atrevida* auf die Suche nach dem Archipel. Es segelt von den Falklandinseln aus ostwärts. Am 21. Februar, nachmittags um halb sechs, notiert der Kapitän im Logbuch: »Wir nahmen im Norden in großer Entfernung eine dunkle Masse wahr, die uns allen wie ein Schneeberg erschien.« Sie steuern auf die Erscheinung zu und erkennen schließlich »einen großartigen Berg in der Form eines Pavillons (oder Zeltes), vertikal in zwei Hälften geteilt; der östliche Endpunkt weiß, der westliche sehr dunkel«. Das Schiff nähert sich der Küste bis auf eine Seemeile. Am nächsten Tag taucht eine weitere Insel auf. Sie ist »ebenfalls mit Schnee bedeckt, aber nicht so hoch wie die erste«. Am 26. Februar wird eine dritte Insel gesichtet, »welche uns zunächst wie ein Eisfeld erschien, aber ihre Unbeweglichkeit überzeugte uns, dass es eine Insel war«. Alle drei liegen auf 53° Süd, 48° West, ungefähr auf halbem Wege zwischen den Falklandinseln und Südgeorgien.

Danach bleiben sie wieder lange Zeit verschwunden. Die Inseln, welche die Spanier gesehen hätten, mutmaßt James Weddell nach einer vergeblichen Suche im Jahr 1827, könnten »möglicherweise die Shag Rocks gewesen sein«. Diese Felsen ragen wie Zähne steil aus dem Südatlantik empor. Sie liegen auf demselben Breitengrad, allerdings deutlich weiter östlich als die Aurora-Inseln.

Mittlerweile bietet die Inselgruppe den perfekten Stoff für einen Roman: »Am 18. hatten wir die Stelle erreicht, die man uns angegeben hatte, und kreuzten nun drei Tage in der Umgegend herum, ohne eine Spur von den fraglichen Inseln zu finden«, heißt es 1838 in *Die denkwürdigen Erlebnisse des Arthur Gordon Pym*, verfasst vom Schriftsteller Edgar Allan Poe, der die Inseln literarisch verewigte. Allerdings ließ er seinen Helden zu weit südöstlich suchen, rund 1300 Kilometer von jener Position entfernt, die von der Besatzung der *Atrevida* angegeben wurde.

Mitte des 19. Jahrhunderts gelten die Inseln bereits als Legende, als sie ein letztes Mal auftauchen. »Auroras mit Schnee bedeckt: zwei in Sichtweite (eine große und eine kleine)«, berichtet der Kapitän der *Helen Baird* am 6. Dezember 1856. Seine Leute machen »insgesamt fünf Inseln« aus. Seither sind sie erneut verschwunden. Wer weiß, wie viele bei der nächsten Sichtung auftauchen …

BALTIA · OSTSEE

[BALCIA, BASILIA, BASILEIA]

Position unklar

Größe unklar

Sichtungen unklar

Karten unklar

Wie prächtig ist doch der Circus maximus geschmückt! Alles funkelt golden, glänzt und schimmert. Nie gab es mehr Bernstein in Rom als unter Kaiser Nero. Sogar die Netze um das Podium sind mit Bernstein verziert, berichtet Plinius. Auch an den Waffen der Gladiatoren und den Leichenbahren leuchtet es magisch. Erst kürzlich soll ein Legionär ein riesiges Stück Bernstein in die Ewige Stadt geschleppt haben: gigantische dreizehn Pfund schwer!

Rom ist verzaubert. Und die Naturforscher der Antike rätseln, woher dieser Stein nur kommen mag. Einige meinen, er werde in den Minen Liguriens ausgegraben. Vielleicht stamme er aber auch von Bäumen, die auf entlegenen Felsen der Adria wachsen. Immer, wenn am Himmel der Hundsstern aufgehe, ist sich einer sicher, dann rinne harziger Saft aus der Borke und härte bald darauf an der Luft aus. Wieder andere sind überzeugt, es handle sich um unterschiedliche Fossilien aus dem nördlichen Europa. Deshalb sei der Bernstein mal weiß, mal wachsfarben, mal rötlich. Vielleicht wird er auch an die Ufer des Pos angeschwemmt.

Schließlich erscheint eine der ältesten Vermutungen am zutreffendsten. Schon im 4. Jahrhundert v. Chr. erwähnte Pytheas eine Insel namens Basilia, die in der Ostsee liege. Wo genau, bleibt jedoch unklar. Er lebte als griechischer Händler in Massalia, dem heutigen Marseille, und bereiste weite Teile Europas. Möglicherweise segelte er durch die Straße von Gibraltar, wanderte durch Britannien, erreichte sogar →Thule und schließlich die Ostsee, wo er von Basilia erfuhr. Seine Reiseberichte sind längst verschollen und werden nur von späteren Autoren zitiert. Und so bleibt umstritten, welche Insel in der Ostsee er einst als Basilia bezeichnet hat.

Diodor von Sizilien fügt dem Bericht von Pytheas weitere Details hinzu. Er lebt im 1. Jahrhundert v. Chr., wandelt den Namen der Insel ab und verortet sie »oberhalb von Gallien«, dort »liegt im Ocean eine Insel, Basileia genannt: Auf diese Insel werfen die Wellen reichliches Electrum aus, welches sonst nirgends auf der bewohnten Erde gefunden wird. Viele der Alten haben ganz unglaubliche Mythen über das Electrum vorgetragen, welche der Erfolg widerlegt hat.« Immerhin weiß er noch, dass es von den Bewohnern der Insel auf das Festland gebracht werde. Von dort aus gelange es nach Italien und Griechenland.

Tatsächlich hat Bernstein eine elektrische Wirkung. Wenn man ihn reibe, so beobachtet der römische Gelehrte Plinius der Ältere im 1. Jahrhundert, dann zöge er Spreu, trockene Blätter und selbst Eisenspäne an – weshalb dem Bernstein eine heilende Kraft nachgesagt wird. Plinius beobachtet ferner, dass Ameisen, Mücken und Eidechsen im Stein eingeschlossen sind. Deshalb müsse es einmal flüssig gewesen sein. Über die Insel Baltia aber weiß auch er fast nichts. Immerhin notiert er, dass sie drei Tagesfahrten von der Küste der Skythen – wie viele nördliche Völker bezeichnet wurden – entfernt in der Ostsee liegen soll. Vermutlich existiert sie, doch niemand kann sagen, von welcher der Ostseeinseln ursprünglich die Rede war.

BERMEJA · GOLF VON MEXIKO

[VERMEJA]

Position 22° 33' Nord, 91° 22' West

Größe 80 km²

Sichtungen Alonso de Chaves (1536)

Karten unklar

The Triangle

Cayos Arcas

BERMEJA

Arrecife Alacranes

22°

Sandy Island

New Bank

Sisal Bank

MEXIKO

Nachdem Bermeja fast fünf Jahrhunderte lang nicht mehr gesehen worden ist, befasst sich im Sommer 2008 das mexikanische Parlament mit dem Verbleib der Insel. Vermutlich wurde sie vom US-Geheimdienst gesprengt, heißt es bald. Amerika strebe in der erdölreichen Meeresregion nach der Vorherrschaft. Schon einmal hätten sie den Mexikanern nach einem Krieg große Territorien gestohlen. Sollte das Eiland untergegangen sein, fürchten Politiker, dann verliere Mexiko mit dem Hoheitsgebiet zugleich erdölreiche Meeresgründe. Schließlich veranlasst ein Ausschuss eine groß angelegte Suche nach Bermeja.

Seit jeher fürchtet Mexiko um seine Gebiete. Schon die erste Beschreibung des Golfs von Mexiko wurde jahrhundertelang als Verschlusssache behandelt. 1536 hatte Alonso de Chaves in seinem *Spiegel der Seefahrer* die Insel Bermeja erstmals erwähnt: »Insel an den Grenzen Yucatáns, sie liegt auf 23 Grad. Sie befindet sich westlich vom Kap des heiligen Antonius und ist 14 Leagues entfernt.« Es sei eine kleine Insel, die aus der Ferne hell und rötlich erscheine.

In Seekarten wird Bermeja auf den Koordinaten 22° 33' Nord, 91° 22' West als Flecken eingetragen, der so groß wie die Nordseeinsel Juist ist und sich 160 Kilometer vor der Halbinsel Yucatán aus dem Golf erhebt. Um das Relief des Meeresbodens zu vermessen und die Inseln im Golf näher zu erkunden, bricht 1775 ein spanisches Geschwader unter Miguel de Alderete auf. Im Logbuch werden stündlich Position, Kurs, Windrichtung, Niederschlag, Distanzen und Tiefenmessungen festgehalten. Doch Bermeja wird auf der Expedition nicht gesichtet. Auch britische Schiffe, die im Golf verkehren, berichten nichts von dem Eiland. Obwohl Bermeja nie wieder gesichtet wird, gerät die Insel nicht in Vergessenheit. Oder sollte es sich ohnehin nur um ein flaches Riff handeln?

Inseln sind im internationalen Recht einfach und klar definiert. Sie müssen nicht mehr als eine vollständig von Wasser umgebene Landmasse sein. Das Land, zu dem eine Insel gehört, besitzt darüber hinaus die Hoheitsrechte über das Meer im Umkreis von 200 Seemeilen. Trotzdem erklärt der mexikanische Geograf Carlos Contreras Servín 2009 in einem Bericht über den Verbleib von Bermeja, dass diese Definition nicht ausreiche. Er sorgt sich um die 223 Riffe der Sonda de Campeche, die zunehmend vom Meer überspült werden. Noch könne Mexiko sie zu seinen Territorien zählen. Was geschieht aber, wenn die globale Erwärmung die Ozeane weiter anschwellen lässt: Muss Mexiko dann auf riesige Besitztümer im Golf von Mexiko verzichten?

Im Auftrag eines Parlamentsausschusses kreist im Sommer 2009 ein mexikanisches Flugzeug über dem Meer. Zudem schickt die Nationale Autonome Universität von Mexiko die *Justo Sierra* los, auf der sich ein Team von Experten unterschiedlicher Disziplinen von sieben Universitäten befindet. Das Marinesekretariat lässt wenig später die *Río Tuxpan* aufbrechen, es folgt die *Kalin Haa*. Die Schiffe finden immerhin mehrere lange Zeit angezweifelte Riffe, wie die Arrecifes de los Alacranes und die Isla de Arena. Nicht jedoch Bermeja.

Trotzdem muss Mexiko nicht auf seine Hoheitsrechte im Golf von Mexiko verzichten. 1978 und 2000 sind Abkommen mit den USA zum Grenzverlauf im Golf geschlossen worden. Zum Vorteil der Mexikaner. Darüber hinaus stellte das Land 2007 bei den Vereinten Nationen erfolgreich einen Antrag für weitere Seegebiete nahe den Gewässern der USA. Sie liegen deutlich weiter im Golf von Mexiko als Bermeja. Seitdem darf die Insel endlich vergessen werden.

BOUVET-GRUPPE · ATLANTIK

Position 54° 26' Süd, 3° 24' Ost

Größe 9 km lang, 7,5 km breit (Bouvetinsel)

Sichtungen 1739, 1825, 1898

Karten unklar

THOMPSONINSEL

BOUVET-GRUPPE

54°

BOUVET & HAY

LIVERPOOL ISLAND

BOUVETINSEL

LINDSAY-INSEL

30

4°   5°

An einem wolkenlosen Sonntagmorgen verlässt die *Valdivia* den Hafen von Kapstadt. Die Sonne geht gerade auf, und ihre Strahlen ergießen sich über den Tafelberg. Dunkel zeichnen sich die Schluchten in der leuchtenden Felswand ab. Der Leipziger Zoologe Carl Chun steht an Deck und blickt wehmütig hinüber zum Land. Sieben Tage hat er mit seinen Forschern in der Stadt verbracht und erlebte unter anderem ein unvergessliches Fest, das von der Gesellschaft Germania, einer Vereinigung deutscher Landsleute, ausgerichtet worden ist: Kabarettisten traten auf, Redner wetteiferten um die Gunst des Publikums, und ein »Lumpen-Orchester« spielte.

Es ist der 13. Oktober 1898, als das weiße Forschungsschiff *Valdivia* dem südlichen Meer entgegensteuert, auf dem kaum Schiffe unterwegs sind. »Verfolgt man auf den britischen Seekarten die weite unbeschriebene Fläche südlich vom Kaplande, so stößt man nur auf eine Angabe, die freilich auch wieder als unsicher bezeichnet wird«, berichtet Chun. Drei Inseln sollen südlich des 54. Breitengrads im Südatlantik liegen: die Bouvet-Gruppe. Mehrere Expeditionen haben bereits erfolglos nach ihr gesucht. Vor fünfundsiebzig Jahren war sie zuletzt gesehen worden.

1739 hatte Jean-Baptiste Charles Bouvet de Lozier eine erste Insel gesichtet. Er bestimmte ihre Koordinaten auf 54° Süd, 4° 20' Ost und hielt sie für das Vorgebirge des Südkontinents → Terra Australis incognita. Lange wurde das Eiland nicht wiedergefunden: 1775 scheiterte James Cook, 1843 James Ross. Immerhin behaupteten zwischenzeitlich zwei britische Walfänger, die Insel gesehen zu haben: 1808 James Lindsay, und 1822 will Kapitän George Norris sie sogar betreten haben. Zudem sichtete er noch ein weiteres Eiland in der Nähe, das er Thompsoninsel nannte. Beide Inseln erklärte er zu britischem Besitz.

Mittlerweile kursieren allerdings so viele Koordinaten, dass fünf verschiedene Inseln existieren könnten: Bouvet, Bouvet-Hay, Thompson, Lindsay und Liverpool Island.

Ruhig dampft die *Valdivia* voran, die Luft ist klar, die See ruhig. Carl Chun und Kapitän Adalbert Krech beschließen, nach den Bouvetinseln zu suchen. Die *Valdivia* hat sich bisher als ausgezeichnetes Schiff erwiesen. Sie ist ein umgerüsteter Dampfer der Hamburg-Amerikanischen Packetfahrt-Actien-Gesellschaft, kurz HAPAG. Am 31. Juli 1898 ist sie von Hamburg aus in See gestochen zu einer Reise von 32 000 Seemeilen. Zunächst ging es nördlich um England herum, dann südwärts entlang der Küste Afrikas bis nach Kapstadt. Nun dampft die *Valdivia* in Richtung Antarktis. Später wird sie den Indischen Ozean erkunden, dann durch den Suezkanal ins Mittelmeer und zurück zum Heimathafen reisen. Am Ende wird die wissenschaftliche Ausbeute überwältigend sein: vierundzwanzig Bände, deren letzter erst 1940 vollendet wird.

Auf ihrer Expedition erkunden die deutschen Forscher eine letzte große Terra incognita: den Meeresgrund. Jahrelang musste Chun für die Expedition werben, Anträge formulieren, vorsprechen. Hunderte Male brachte er vor, dass Engländer und Amerikaner bereits die Tiefsee ausloten würden. Auch die Deutschen sollten sich endlich auf den Weg machen. Schließlich wird Chun zum Leiter der ersten großen deutschen Expedition zur Erkundung der Tiefsee ernannt.

Ende des 19. Jahrhunderts beflügelt die Tiefsee noch die menschliche Fantasie. »Bald dachte man sie sich unergründlich und des organischen Lebens bar«, schreibt Chun, »bald hielt man sie für das Abbild des Oberflächenreliefs unserer Erde und belebte sie mit fantastischen Gestalten.« Die Erforschung begann 1818, damals hatte der britische Konteradmiral John Ross auf einer Fahrt in die kanadisch-grönländische Baffin Bay aus 1500 Meter Tiefe einen lebendigen Schlangenstern (*Gorgonocephalus*) geborgen. Das Tier hatte sich in der Lotleine verfangen. Es war der erste Beweis für Leben in solch großer Tiefe.

Am 14. November 1898 lassen die Forscher der *Valdivia* ihre Lotleinen bereits mehr als 4000 Meter hinab. Hier draußen türmen sich die Wogen haushoch auf. Es wird immer kühler. Um zwölf Uhr mittags ist es noch 17,4 Grad warm, zwei Tage später zur selben Zeit noch 7,8 Grad und bald, am 22. November, bereits minus 1 Grad. Doch die Reisenden genießen die Kälte, denn in Afrika sind viele an Malaria erkrankt. Allerdings kommt sie so rasch, dass fast niemand von einer Erkältung verschont bleibt. Schließlich wird die Dampfheizung angeworfen. Behagliche Wärme strömt durch den Salon und die Kabinen.

Am 20. November fällt der Luftdruck. Von Bord aus sehen sie, wie sich der Himmel verdunkelt und schwarz von der weißen Gischt der gewaltigen Wogenkämme abhebt. Der Wind dreht auf Süd, kommt aus Richtung der Antarktis und weht mit Windstärke 10; an Land würde er Bäume entwurzeln. Wogen donnern gegen das Schiff, überspülen das Deck. Die *Valdivia* dreht bei, um nicht vom Meer geschluckt zu werden. Plötzlich ein Pinguin im tosenden Wasser: Er schreit heiser, schlägt kräftig mit den Flossen, springt hier und dort empor und folgt dem Schiff. Grau-weiße Vögel kurven um den Dampfer.

Am nächsten Morgen bricht die Sonne durch die Wolken. Die Dünung rollt von Norden heran. Es ist eine wilde, prachtvoll blaue und weiß schäumende See. Die *Valdivia* dampft gegen den Wind an, ständig klatschen Wellen an die Bordwand. In den Labors fallen Gläser aus den Regalen, Präparierflüssigkeiten rinnen über die Treppen, Drehstühle rollen durch den Salon. Teller, Messer und Löffel scheppern in den Ablagen. Die Stewards tanzen mit dem Frühstück zu den Tischen. Niemand ist zu beneiden, der »gleichzeitig ein weiches Ei und eine Tasse voll Tee zu bewachen hatte«, erzählt Chun. Mittags steigt das Barometer wieder. Der Wind flaut ab und dreht auf Nord. Regen und Hagel prasseln aufs Deck. Nebel wabert übers Meer. Vorwärts geht es nur noch mit halber Fahrt, regelmäßig ertönt die Dampfpfeife, um gegebenenfalls als Echo von einem vorausliegenden Eisberg zurückzuschallen.

Am 24. November erreicht die Expedition den 54. Breitengrad, wo die britischen Admiralitätskarten die drei Bouvetinseln verzeichnen. Der Navigationsoffizier hat alle Koordinaten der Landsichtungen in eine Karte eingetragen. Hin und wieder bricht die Sonne durch, kurz verziehen sich die Wolken. Doch der Wind weht schneidig aus Norden, das Deck ist von Glatteis überzogen. Die Männer hoffen, die Inseln zu finden. Noch vor Tagen haben sie Meerestiefen zwischen 4000 und 5000 Metern gemessen, zweimal sogar noch größere. Gestern war der Ozean noch 3585 Meter tief, an diesem Morgen sind es nur mehr 2268 Meter.

Die *Valdivia* fährt offenbar über einen Tiefseeberg, der vielleicht den Inseln als Sockel dient. Nun beginnt eine systematische Suche von Ost nach West. Die Luft bleibt derweil eigentümlich diesig, das Wasser verfärbt sich aufgrund winziger Algen grünlich. Abends blitzt die Sonne durch die Wolken. Die Männer sammeln sich an Deck. Irgendetwas scheint dort am Horizont zu sein. Sie blinzeln gebannt. Ach, es sind doch nur imposante Wolkengebilde!

Am nächsten Morgen, dem 25. November, befindet sich das Schiff mitten in der Region der Landsichtungen. Das Meer misst hier jedoch wieder 3458 Meter Tiefe. Einzig die vielen Vögel am Himmel deuten auf Land hin. Die Forscher fangen zwei Kaptauben, jeweils mit Brutfleck – einer gut durchbluteten, freien Hautstelle am Vorderbauch, die zur besseren Übertragung der Körperwärme dient. Unberechenbar bleibt das Wetter. Mal peitschen Schneeböen übers Meer, Minuten später klart es dann plötzlich wieder auf.

Mittags taucht der erste große Eisberg auf. Majestätisch glänzt er in der Sonne. Ein feiner bläulicher Dunst liegt über dem Koloss. In Spalten und Grotten schimmert tiefes Kobaltblau. Gischt schäumt über den Gipfel. So blendend weiß, wie der Schaum auf den Wogen ist, so hebt er sich vom Eisberg nur noch grau-gelblich ab. Nachmittags ziehen Wolken auf. Sonst ist nichts zu sehen. Krech schimpft über die einstigen Seefahrer »in kräftig seemännischer Weise«, notiert Chun und ist sich mit dem Kapitän einig, dass sie nur noch bis Sonnenuntergang suchen wollen.

Plötzlich brüllt der Erste Offizier: »Die Bouvets liegen vor uns!« Es ist halb vier nachmittags, alle Mann stürmen an Deck, nach vorn, zur Reling, hoch auf die Brücke. Und da liegt »in verschwommenen, bald deutlicher hervortretenden Umrissen, nur sieben Seemeilen rechts voraus, in seiner ganzen antarktischen Pracht und Wildheit ein steiles Eiland. Schroffe und hohe Abstürze gegen Norden, mächtige, bis zum Meeresspiegel abfallende Gletscher, ein gewaltiges Firnfeld, welches sanft geneigt im Süden mit einer Eismauer im Meer endet, die Kämme der Höhen in Wolken versteckt.« Im Meer sichten sie Seeanemonen und Seefedern, fangen Muscheln, Käferschnecken und Krebse.

Am nächsten Tag umkreist die *Valdivia* die Insel. Die Forscher messen eine Länge von 5,1 und eine Breite von 4,3 Seemeilen; die korrigierten Koordinaten lauten 54° 26' Süd, 3° 24' Ost. Bäume oder Flüsse sind nicht zu sehen. Für eine Landung wütet die See zu stark. Zudem recken sich steile Eismauern abweisend an der Küste empor. Ein vulkanischer Kegel prägt die Insel. Chun tauft ihn Kaiser-Wilhelm-Pik, schließlich hatte Seine Majestät großes Interesse an der Expedition. So weit südlich, wie die Bouvetinsel vom Äquator entfernt liegt, sinniert Chun, so weit nördlich befindet sich Rügen. Und er meint: Man müsse sich einmal vorstellen, dass Rügen mit ewigem Schnee bedeckt sei, die Gletscher bis zum Meere reichten und selbst im Hochsommer schweres Packeis die Ostseeinsel einhülle.

Am Sonntag, dem 27. November, eigentlich ihrem Ruhetag, suchen sie nach den anderen Inseln. In der Nacht fahren sie bei heftigem Schneetreiben nordwärts und erreichen morgens um sechs Uhr jene Stelle, an der die Thompsoninsel liegen soll. Aber sie sehen nichts und messen eine Tiefe von 1849 Metern. Der Meeresgrund scheint ihnen flach genug zu sein, dass eine Vulkaninsel jäh aus dem Ozean ragen könnte. Sie kreuzen im Umkreis von zehn Seemeilen um die angegebene Position. Doch das Meer braust, Schneeflocken fliegen waagerecht, und das Tauwerk vereist.

So kehren sie zurück zur Bouvetinsel. »Einen letzten Ausblick auf sie versagte uns neidisch ein dichter, sie verhüllender Wolkenschleier: Da verstanden wir, dass Ross keine Spur von ihr erblickte, obwohl er nach dem von ihm genau angegebenen Kurse kaum vier Seemeilen entfernt vorbeifuhr!«, schreibt Chun. Der britische Seefahrer James Ross suchte 1843 vergeblich bei diesig-nebliger Sicht nach den Inseln. Carl Chun will daher nicht ausschließen, dass in diesen Breiten noch weitere Inseln existieren.

Später wird sich herausstellen, dass Jean-Baptiste Charles Bouvet de Lozier und James Lindsay ein und dieselbe Insel gesichtet haben müssen. Zu Ehren des Erstentdeckers bleibt ihr Name Bouvet. Liverpool Island, Bouvet-Hay und die Thompsoninsel existierte hingegen nie. Der Meeresgrund ist an der dortigen Stelle mehr als 2400 Meter tief.

TRIVIA

1927 okkupierte der Norweger Harald Hornvedt, Kapitän des Forschungsschiffes *Norvegia*, die unbewohnte Insel. Nach diplomatischen Verhandlungen wurde die Bouvetinsel 1930 abhängiges Gebiet Norwegens. Sie ist fast vollständig von einem Gletscher bedeckt, der höchste Berg ist der 780 Meter hohe Olavtoppen.

BREASIL · ATLANTIK

[O'BRAZILE, HY BRASIL, HY BEREASIL, BRAZIL ROCK, BRACILE]

Position westlich von Irland

Größe unklar

Sichtungen John Nisbet (1674)

Karten Angelino Dulcert (1325),
Andrea Bianco (1436), John Purdy (1825)

BREASIL

IRLAND

Nur an einem Tag in sieben Jahren lichtet sich der Nebel. Im Nu offenbart sich alsbald ein paradiesisches Eiland: Pflanzen blühen auf, an den Bäumen hängen süße Früchte, und auf der Erde funkeln Edelsteine. Von einem solchen Eiland berichten keltische Mönche erstmals im 6. Jahrhundert. Irgendwo vor Irland soll es sich im Atlantik verstecken. *Groß und wunderbar*, auch *herrlich ausgezeichnet* bedeutet der Name, der sich aus den irisch-gälischen Wörtern *breas* und *ail* zusammensetzt. Als Breasil bezeichneten die Iren einst auch ein göttliches Wesen.

Lange Zeit bleibt die Insel nichts als eine Legende. Als sie schließlich aufgeschrieben wird, beginnen die Menschen, an ihre Existenz zu glauben. Schließlich wird sie im 14. Jahrhundert in einer Portolankarte eingetragen: Der mallorquinische Geograf Angelino Dulcert verortet Bracile, wie er sie nennt, einige Dutzend Seemeilen westlich von Irland. Seine nahezu weiße Karte ist nur für Seefahrer von Nutzen. Sie enthält nicht viel mehr als Küstenlinien, Häfen, Kaps, Klippen, Sandbänke und lokale Windrichtungen. Entstanden sind solche Portolankarten aus italienischen Lotsenbüchern, in denen zunächst Listen von Häfen und Segelanleitungen für gefährliche Stellen festgehalten wurden. Erst mit der Erfindung des Kompasses im 12. Jahrhundert ließen sich Küstenlinien ergänzen. Vielleicht glaubt Dulcert dem Bericht eines Seefahrers, als er die Insel einträgt. Sie erzählen seit jeher Geschichten, die sie gehört oder selbst erlebt haben.

Fortan taucht Breasil in Karten auf. Mal ist sie ringförmig wie ein Riff dargestellt mit kleinen Inseln im Innern, mal als größeres Zwillingsinselpaar. So häufig wie ihre Gestalt verändert sich auch ihr Name: Brasil, Hy Bereasil, Hy Breasail, Hy Breasal. Mehr als fünf Jahrhunderte bleibt sie verzeichnet. Länger als jede andere Phantominsel. Doch sie wandert auf den Karten immer weiter auf den Atlantik hinaus, als wollte sie vor ihrer Entdeckung fliehen: 1436 erscheint sie in der Karte des Venezianers Andrea Bianco, schon deutlich weiter südlich, als Insula de Brasil neben einer größeren Insel, die zu den Azoren gehört.

Ende des 15. Jahrhunderts brechen mehrere Expeditionen von England aus zur Suche auf. Aber erst 1674 wird sie von Kapitän John Nisbet of Killybegs gefunden, und zwar dort, wo sie ursprünglich auch liegen sollte: Tagelang segelt Nisbet mit seinem Schiff durch eine Nebelbank vor Irland, als sich der Nebel endlich lichtet. »Felsen!«, brüllt Nisbet, lässt beidrehen und ankern. Mit dreien seiner Leute rudert er zur Insel. Sie sehen Schafe, schwarze Hasen und ein Schloss. Sie klopfen ans Tor. Niemand öffnet, niemand antwortet. Abends entzünden sie am Strand ein Feuer – plötzlich nichts als grässlicher Lärm. Rasch rudern Nisbet und seine Leute zurück zum Schiff. Am nächsten Tag wagen sie sich noch einmal zur Insel. Am Strand stehen alte Männer, die altmodisch gekleidet sind und wie aus einer vergangenen Zeit sprechen. Sie seien im Schloss gefangen gewesen, erzählen sie, erst das Lagerfeuer habe den Fluch ihrer Gefangenschaft beendet. Nun sei das Schloss in sich zusammengefallen. Die Insel, sagen sie, heiße O'Brazile. Nisbet nimmt sie mit auf das Schiff und bringt sie auf sein Gut nach Killybegs.

Nie wieder wird Breasil gesichtet. Vielleicht liegt sie versteckt in einer Nebelbank. Auf den Karten schrumpft die Insel fortan: Zuletzt, in John Purdys Nordatlantik-Karte von 1825, heißt sie schlicht Brazil Rock und ist gerade noch ein einsamer Felsen im Meer.

ISLAND

BUSS

BUSS · ATLANTIK

[BUS, BUSSE ISLAND]

Position 57° 1' Nord, teils auch 58° 39' Nord

Größe 150 km lang

Sichtungen James Newton (1578),
James Hall (1606), Thomas Shepherd (1671)

Karten Emery Molyneux (1592),
John Seller (1671), Keith Johnston (1856)

IRLAND

GROSS-
BRITANNIE

Allein bleibt die *Emmanuel* vor der Küste Nordamerikas zurück. Sie hat ein Leck und wurde von der Expedition des englischen Seefahrers Martin Frobisher zurückgelassen, der nach einem Seeweg um die Nordspitze Amerikas sucht. »Von starken Winden bedrängt, hielt sie sich dicht im Windschatten der Küste und war gezwungen, den Sturm abzureiten, auch auf die Gefahr hin, Trossen und Anker zu verlieren, die bis auf zwei alle fallen gelassen waren«, berichtet der Mitreisende Thomas Wiars. Am nächsten Tag, dem 3. September 1578, herrscht wieder gutes Wetter, das Leck der *Emmanuel* ist einigermaßen abgedichtet, und die Rückfahrt nach England beginnt.

Knapp eine Woche später, am 8. September, erreicht das Schiff südlich von Island die Insel → Frisland. Zurück auf dem offenen Meer, dreht der Wind auf Süd. Am nächsten Morgen schlägt die *Emmanuel* für zwei Tage einen Südostkurs in Richtung Irland ein.

Am zwölften Tag ihrer Rückfahrt sichtet die Mannschaft immer wieder Treibeis im Meer und um elf Uhr vormittags Land, das rund 25 Kilometer entfernt ist. James Newton, Kapitän und Eigner des Schiffs, benennt die Insel nach dem Schiffstyp der *Emmanuel* Buss, zu Deutsch Büse, ein hochseetaugliches Handelsschiff. Er errechnet, dass Frisland zur Zeit der ersten Sichtung von Buss gut 150 Seemeilen nordwestlich liegen müsste. Ihr südlichster Teil befinde sich auf einer Breite von 57° 1' Nord. Es gäbe zwei natürliche Häfen. Buss sei 75 Seemeilen lang und erst nach 28 Stunden außer Sichtweite geraten.

Vierzehn Jahre später erscheint Buss auf einer Karte: Der englische Mathematiker Emery Molyneux stellt sie auf seinem Globus von 1592 dar. Obwohl die *Emmanuel* nur an der Südküste der Insel vorbeigesegelt ist, hat Molyneux eine geschlossene Küstenlinie dargestellt, als wären alle ihre Ufer bekannt.

Buss wird erneut im Jahr 1606 von James Hall entdeckt. Er ist Obersteuermann im Dienst von König Christian IV. von Dänemark: »Am 1. Juli sichteten wir Land in acht Leagues Entfernung, vor dessen Südwestküste ein großes Eisfeld lag.« Den ganzen Abend und die Nacht segeln sie am Land vorbei. »Ich nahm an, dass wir die Insel Busse gesichtet hatten, obwohl sie weiter westlich liegt, als auf den Seekarten dargestellt.«

Noch ein drittes Mal wird das Eiland aufgesucht: 1671 reist der königliche Hydrograf John Seller zur Insel, findet sie allerdings einige Seemeilen weiter nördlich. Er segelt unter dem Kommando von Kapitän Thomas Shepherd, der von Walen, Walrossen, Seehunden und Kabeljau in großen Mengen berichtet. Er nimmt an, dass jährlich zwei Fahrten in diese Meeresregionen möglich seien. Buss selbst ist im Süden niedrig und flach und hat am nordwestlichen Ende einige Hügel und Berge. Seller zeichnet in eine Karte die Umrisse und zwölf Orte ein, die fast alle nach Direktoren der Hudson Bay Company benannt sind.

Am 13. Mai 1675 erhält das Handelsunternehmen vom britischen König die Rechte über die Insel. Sie zahlen 65 Pfund an Karl II. für die gesamte Insel, die zwischen dem 57. und 59. Grad nördlicher Breite liegt, samt allen Meeresbuchten, kleinen Inseln, Flüssen, Wasserläufen und Meerengen. Mit dem Vertrag, der ewig gelten soll, darf auch nach Walen, Stören und allen königlichen Fischen gejagt und damit gehandelt werden. Alle Fundstätten mit Gold, Silber, Edel- und Schmucksteinen gehören ebenfalls der Company.

Noch am selben Tag kalkuliert Kapitän Thomas Shepherd die Kosten einer Erkundung und Ausbeutung: Anzahl der Schiffe, Männer und Geräte, Gebühren und Lohnkosten.

Monate später sticht Thomas Shepherd in See. Er segelt über den Atlantik und überwintert in der nordamerikanischen Hudson Bay. Danach erlischt rätselhafterweise das Interesse an Buss. Vermutlich ist die Verlockung der Neuen Welt so groß, dass Buss schlicht vergessen wird. Von einer systematischen Suche wird nirgends berichtet. Nur einmal erwähnt ein Mitarbeiter der Hudson Bay Company die Insel noch in einem folgenlosen Schreiben.

Sieben Jahrzehnte später glaubt niemand mehr an die Existenz der Insel. »Das untergegangene Land Buss ist heute nichts weiter als ein Brandungsgürtel«, heißt es 1745 auf einer britischen Karte, »eine Viertelmeile lang, in der rauen See. Sehr wahrscheinlich war dies früher einmal die berühmte Insel → Frisland.« In anderen Karten steht nur *Versunkenes Land Buss*.

Im 18. Jahrhundert suchen Seeleute westlich von Irland nach flachen Meeresregionen. Am Nachmittag des 29. Juni 1776 ist es windstill an jenem Ort, wo Buss einst gewesen sein soll. Leutnant Richard Pickersgill führt Lotungen durch und misst eine Meerestiefe von gut 420 Metern. »Wir trieben weiter ungefähr zwei Meilen nach Nordosten und loteten wieder 290 Faden; feiner weißer Sand. Sah zur gleichen Zeit Krähen, Möwen und andere Anzeichen, dass Land nicht weit entfernt sein konnte«, teilt er mit und spekuliert: Wenn Buss wiederauftauchen würde, »könnten Schiffe auf dem Weg nach Norden dort überwintern; die Insel würde sich als Schule für abgehärtete Seeleute erweisen.«

Ein letztes Mal erscheint Buss im Jahr 1856 ungefähr an jener Stelle auf einer Karte: als ein winziger, namenloser Punkt.

BYERS UND MORRELL · PAZIFIK

Position 28° 32' Nord, 177° 04' Ost (Byers);

29° 57' Nord, 174° 31' Ost (Morrell)

Größe beide jeweils vier Meilen im Umfang

Sichtungen Benjamin Morrell (1825)

Karten Times Atlas of the World (1922)

Der amerikanische Kapitän Benjamin Morrell liebt Abenteuergeschichten und Reiseliteratur. In seiner Kapitänskajüte stapeln sich die Bücher von James Cook, George Vancouver und anderer Entdecker. 1825 erkundet er mit dem Schoner *Tartar* den Pazifik. Morrell segelt von Ost nach West, passiert die Hawaiianischen Inseln, reist weiter Richtung Nordost und kreuzt am 12. Juli den 180. Längengrad, die internationale Datumsgrenze. Es ist eine willkürliche Linie, die durch den Pazifik verläuft und vom Nordpol bis zum Südpol reicht. Jedes Schiff, das diese Linie von Ost nach West – von Amerika nach China – überquert, kommt im Morgen an; jedes, das von West nach Ost – von China nach Amerika – reist, landet im Gestern.

Am 13. Juli sichtet Morrell ein unbekanntes Eiland. Nun kann auch er sich endlich als Entdecker in das Gedächtnis seiner Nation einschreiben! Es liegt auf 28° 32' Nord, 177° 04' Ost und erhebt sich nur leicht aus dem Meer. Der Kapitän erkennt Büsche und kleine Pflanzen, Seevögel, Suppenschildkröten und See-Elefanten. Den Umfang der Insel schätzt er auf vier Meilen. Er macht auch einen guten Ankerplatz über sandigem Grund aus. Nur im Südosten gibt es eine gefährliche Stelle, an der sich ein Korallenriff zwei Meilen südwestwärts erstreckt.

Viel mehr ist nicht zu sehen. Morrell benennt die Insel nach seinem Geldgeber, dem New Yorker Schiffseigner James Byers.

Kapitän Morrell hält sich nicht lange dort auf. Noch am selben Tag segelt er weiter Richtung Nordwesten. In der Frühe des nächsten Tages, um vier Uhr morgens, sehen seine Männer, wie sich voraus Wellen brechen. Sie kreuzen eine Stunde lang nach Südwest, wenden und steuern auf ein Riff zu. Um sechs Uhr morgens sind sie eine halbe Meile weit in die Brandung vorgedrungen, doch noch immer ist kein Land in Sicht. Sie segeln um das westliche Ende eines Korallenriffs herum. Langsam, mit sieben Meilen in der Stunde, tasten sie sich vorwärts. Endlich erkennen sie vom Mast aus Land im Nordwesten. Gegen zehn Uhr nähern sie sich einer schmalen, flachen Insel. Meeresvögel überall, an der Küste See-Elefanten. »Suppenschildkröten im gewaltigen Überfluss und zwei Echte Karettschildkröten wurden auch gesehen«, hält Morrell fest. Die Insel sei vulkanischen Ursprungs, rage aber kaum über die Meeresoberfläche hinaus. Umfang ungefähr vier Meilen. Der Mittelpunkt liege auf 29° 57' Nord, 174° 31' Ost. Weil er nichts Wertvolles gefunden habe, werde er die Insel, die bald nach Kapitän Morrell benannt wird, nun »in ihrer Einsamkeit« zurücklassen.

Als Benjamin Morrell nach New York zurückkehrt, wird er von seinem Auftraggeber gefeuert. James Byers hatte sich wirtschaftliche Erfolge gewünscht. Was soll er mit einer nutzlosen Insel, die nach ihm benannt worden ist?

Doch die Inseln Byers und Morrell gelangen in die Karten. Noch 1875, fünf Jahrzehnte nach ihrer Entdeckung, überleben sie eine Inventur des Stillen Ozeans: Der Hydrograf Frederik Evans hat im Auftrag der britischen Admiralität zahlreiche Logbücher miteinander verglichen und streicht 123 Eilande aus der offiziellen britischen Pazifikkarte.

Allerdings unterlaufen ihm dabei fünf Fehler: Er tilgt drei Inseln aus der Karte, die in Wirklichkeit existieren. Dafür bleiben Byers und Morrell weiter verzeichnet. Und das, obwohl nicht wenige Seeleute deren Existenz anzweifeln.

Vielleicht wollte Evans keine diplomatische Affäre provozieren. Byers und Morrell liegen zwar westlich des 180. Längengrades, aber die USA haben durchgesetzt, dass die internationale Datumsgrenze im Nordpazifik eine weite Ausbuchtung nach Westen erhält, sodass der Tag auf den beiden Inseln endet. Erst 1907 verschwinden sie aus den Seekarten. 1910 wird schließlich die Datumsgrenze im Nordpazifik an dieser Stelle begradigt – ganz gerade verläuft sie aber bis heute nicht.

Benjamin Morrell gilt zu dieser Zeit bereits als begnadeter Geschichtenerfinder. Längst ist bekannt, dass er die Reisebücher seiner Vorgänger wie James Cook oder George Vancouver nicht bloß gelesen hat. Immer wieder schrieb er aus ihren Logbüchern ab. Teils wollte er seine Berichte aufhübschen, teils träumte er von großen Entdeckungen. Als größter Lügner des Pazifiks wird er bald verschmäht und als amerikanischer Baron Münchhausen. Doch seine Kritiker wissen nicht, dass Morrell mindestens noch eine weitere Geschichte in die Welt gesetzt hat, die sie bisher nicht durchschaut haben: Denn noch immer ist in den Karten ein Eiland namens → New South Greenland verzeichnet.

CROCKER LAND · NORDPOLARMEER

Position 83° Nord, 100° West

Größe unklar

Sichtungen Peary (1906), MacMillan (1914)

Karten undatiert (um 1910)

Mitte April 1914 ist es nördlich von Grönland diesig und der Himmel bedeckt. Donald Baxter MacMillan nähert sich mit seinen zwei Gefährten und den beiden Inuit jenem Punkt, von dem aus erstmals Crocker Land erblickt worden ist. Dieser geheimnisvolle Erdteil, den MacMillan als das letzte große geografische Problem im Norden bezeichnet. Am 21. April klart der Himmel auf.

Und tatsächlich: Land! MacMillan erkennt plötzlich Konturen: Sie erstrecken sich von Südwesten bis weit nach Nordnordosten. Beinahe den gesamten Horizont entlang. Er greift zum Fernglas, stellt scharf und sieht weiße Täler und schneebedeckte Gipfel. Er ist berauscht, und seine zwei Begleiter jauchzen vor Freude. Nun dürfen sie endlich davon ausgehen, dass ihre Expedition ein Erfolg werden wird. Nur die Inuit schweigen skeptisch.

Donald MacMillan wird vom American Museum of Natural History, von der American Geographical Society und der University of Illinois unterstützt. Als Begleiter hat er junge, geschickte Forscher ausgesucht, darunter ein Geologe, ein Zoologe, ein Geophysiker, ein Funker sowie ein Mechaniker, der auch für das Kochen zuständig ist. Ferner ein junger Inuk, der als Kind von einer Expedition nach New York mitgebracht worden ist und als Übersetzer fungieren soll.

Am 2. Juli 1913 ist die Mannschaft von New York aus aufgebrochen, Mitte August hat sie den Ort Etah im äußersten Nordwesten Grönlands erreicht. Es ist die nördlichste Siedlung der Welt, die nicht als künstliche Station geschaffen worden ist. Dort wurde mithilfe einiger angeheuerter Inuit ein Gebäude mit acht Räumen und einem Depot errichtet. Seither erhalten die Forscher alle Nachrichten nur noch über Hundeschlitten.

Am 10. März 1914 brechen Donald MacMillan, Fitzhugh Green und Elmer Ekblaw nach Norden auf, wo Crocker Land liegen soll. Erst wenige Jahre zuvor, 1906, wurde die gigantische Insel entdeckt. Dem Polarforscher Robert Peary zufolge liegt sie im kanadisch-arktischen Archipel, rund 210 Kilometer nördlich der kanadischen Ellesmere-Insel, nordwestlich von Grönland auf 83° Nord, 100° West. Zum Nordpol ist es nicht mehr weit. Peary verlieh ihr den Namen seines Finanziers George Crocker, der sein Geld mit Immobilien, Eisenbahnen und Banken machte.

Donald MacMillans Gruppe wird von sieben Inuit begleitet, die auf Hundeschlitten zwei Tonnen Gepäck ziehen. Es sind minus 45 Grad, und 2000 Kilometer liegen vor ihnen. Um Vorräte zu sparen, werden nach und nach einzelne Begleiter zurück zum Lager in Etah geschickt.

Gut fünf Wochen nach dem Aufbruch, am Morgen des 14. April, wagen sich MacMillan und Green sowie die Inuit Peea-wah-to und E-tooka-shoo auf das gefrorene Eismeer. Sie rasen mit Hundeschlitten vorwärts. Nach einer Woche, am Morgen des 21. April, brüllt Green plötzlich ins Iglu: »Wir haben es!« Am Horizont sind Hügel, Täler und Gipfel zu sehen: Crocker Land!

Fünf Tage lang wandern die Männer um Donald MacMillan weiter in Richtung Norden. Schließlich erreichen sie einen Punkt, den Peary nur aus der Ferne gesehen hat. Damals meinte er, dieser Punkt sei ein 1000 Meter hoher Gipfel. MacMillian schaut sich um, sieht aber nichts. Frustriert macht er sich mit den anderen auf den Rückweg, dreht sich dabei öfters um und notiert abends: »Den ganzen Tag über sah das Trugbild der Eissee so aus wie ein immenses Land, es schien uns zu narren. Es schien so nah und so leicht zu erreichen, wenn wir nur umkehren würden.« Resigniert ergänzt er: »Meine Träume der vergangenen vier Jahre waren nicht mehr als Träume; meine Hoffnungen sind in bitterer Enttäuschung geendet.«

Kaum erreichen sie festes Land, knackt hinter ihnen das Eis. Tiefe Spalten reißen auf, Schollen treiben auseinander. Welch Glück, dass sie rechtzeitig umgekehrt sind! Doch bald türmen sich vor ihnen Eisberge auf. Während Donald MacMillian und E-tooka-shoo direkt zurück nach Etah wandern, will Fitzhugh Green mit Peea-wah-to noch ein weiteres unbekanntes Gebiet erkunden. Sie rasen mit ihren Hundeschlitten davon. Nur einer der beiden wird den Abstecher überleben.

Ein Blizzard zieht auf, Schnee peitscht ihnen von vorn entgegen. Schnell baut Peea-wah-to ein Iglu. Doch immer wieder wird die winzige Öffnung mit Schnee zugeweht, sodass sie im Inneren fast ersticken. Als der Sturm nachlässt, sucht Green nach seinen Hunden. Er findet sie in drei Meter Tiefe steif gefroren im Schnee. Wenigstens leben die Tiere des Inuks noch. Keuchend zieht Green seinen Schlitten selbst und läuft hinter Peea-wah-to her. Immer weiter entfernt sich der Inuk. Green stöhnt und schwitzt. Schließlich greift er zu seinem Gewehr und befiehlt dem Inuk, hinter ihm zu bleiben. Als sich Green kurz darauf umschaut, flieht Peea-wah-to in eine andere Richtung. In seinem Tagebuch notiert der Amerikaner: »Ich schoss einmal in die Luft. Er stoppte nicht. Daraufhin tötete ich ihn mit einem Schuss durch die Schulter und einem weiteren in den Kopf.« Allein erreicht er das Lager.

Monatelang sind die Männer in der Eiswüste eingeschlossen. Um ein Rettungsschiff anzufordern, fährt Donald MacMillan im Dezember 1914 mit einem Hundeschlitten ins südliche Grönland. Von dort aus lässt sich ein Funkkontakt zu den USA herstellen. Er wird begleitet von Maurice Cole Tanquary. Vor ihnen liegt eine Strecke von 650 Kilometern. Unterwegs irren sie zehn Tage lang umher, sodass der Proviant knapp wird. Als ein Hund stirbt, ziehen sie dem toten Tier das Fell ab und säbeln das Fleisch von den Knochen. Schließlich erreichen sie eine Inuit-Siedlung, wo Tanquary seine Stiefel auszieht, ganz vorsichtig. Sie lösen sich kaum von der Haut. Seine Füße bluten, stinken, Muskelfetzen hängen lose herab und verfaulen. Dann zieht er seine Schuhe wieder an, fährt zurück nach Etah und lässt dort seine großen Zehen abschneiden.

Im Sommer 1915 schickt das American Museum of Natural History ein Rettungsschiff in die Arktis. Doch der Schoner friert im Eis fest, ein zweiter bleibt 1916 stecken. Erst 1917 werden Donald MacMillan und seine Männer gerettet. Am 24. August 1917 landen sie in Nova Scotia vor der Atlantikküste Kanadas. Ihre Expedition ist eine wissenschaftliche Enttäuschung und ein finanzielles Desaster. 52 000 US-Dollar waren kalkuliert worden. Am Ende kostet das Abenteuer fast das Doppelte. MacMillan bringt nur wenige Erkenntnisse mit und kann über Crocker Land nur sagen, dass es sich in Luft aufgelöst hat.

Vielleicht hätte Donald MacMillan ahnen können, dass im hohen Norden Phantominseln aufscheinen. Schon einmal, knapp hundert Jahre zuvor, 1818, hatte der schottische Konteradmiral John Ross in den arktischen Gewässern nach einer Nordwestpassage gesucht, einem Seeweg um die Nordspitze Amerikas herum. Ross befand sich ungefähr 350 Meilen südlich von Etah, als er umkehrte. In der Ferne meinte er bergiges Land gesehen zu haben, das ihm den Seeweg verstellte. Er benannte das Land nach dem Ersten Sekretär der Admiralität: John Wilson Croker – ein historischer Zufall, dass die vermeintliche Insel einen ähnlichen Namen erhielt, der allerdings auf eine andere Person gemünzt war.

ENGROENELAND
(Grönland)

ISLANDA

ICARTA

Duilo

Golfo norda

ESTOTILAND

FRISLAND

Ilofo

Streme

Ledeuc

Spirige

Porlanda

FRISLAND · NORDATLANTIK

[FRISSLAND, FRISCHLANT, FRIESLAND, FREEZELAND, FRISLANDIA, FIXLAND]

Position Südküste zwischen 60° und 61° nördlicher Breite

Größe wie Irland

Sichtungen Mitte 14. Jahrhundert

Karten Nicolò Zeno (1558), Gerardus Mercator (1569),

The English Atlas (1680)

Mitte des 16. Jahrhunderts erscheint in Venedig ein schmaler Band mit einer kuriosen Geschichte und einer Seekarte. Nicolò Zeno der Jüngere erzählt im Buch von einer erstaunlichen Reise seiner Vorfahren. Der Geschichte zufolge verließ zwei Jahrhunderte zuvor der mutige und reiselustige Ritter Nicolò Zeno der Ältere seine Heimatstadt Venedig. Er segelte im Jahr 1380 durch die Straße von Gibraltar hinaus auf den Atlantik und geriet westlich von England in einen Sturm. Nach tagelanger Irrfahrt strandete sein Schiff an einer unbekannten Insel.

Als die Insulaner angreifen wollten, näherte sich ein Fürst. Er vertrieb die Angreifer und verständigte sich mit den Seeleuten auf Latein. Erfreut hörte er, dass sie aus Italien stammten, und hieß seine Gäste auf Frisland willkommen. Der Fürst, der über zahlreiche Inseln gebot, stellte sich als Zichmni vor und nahm Zeno mit auf sein Schiff. Nicolò Zeno eroberte bald kleine Eilande, kaperte Barken, erkundete die Gewässer und wurde vom Fürsten Zichmni zum Ritter geschlagen. Gemeinsam zogen sie zur Hauptstadt Frislanda, von deren Hafen massenhaft Fische nach Flandern, England, Norwegen und Dänemark ausgeführt wurden.

Eines Tages schrieb Nicolò Zeno seinem Bruder Antonio, er solle Venedig verlassen und zu ihm nach Frisland kommen. Wochen später umarmten sie sich freudig und überfielen kurz darauf gemeinsam die Inseln Estland, Talas, Broas, Iscant, Trans, Mimant, Dambere und Bres. Unter Zichmnis Kommando landeten sie sogar auf Island, doch eine Eroberung misslang. Die Einwohner verschanzten sich hinter hohen Mauern. Die Brüder segelten weiter nordwärts nach Engroeneland. Wohin genau, lässt das Buch offen. In der Ferne spuckte ein Berg Feuer. Alle Häuser bestanden aus Lavasteinen. In den Gärten wuchsen Blumen, Kräuter und Früchte. Sie trafen Mönche eines Predigerordens und sahen eine Kirche des heiligen Thomas, die mit heißem Quellwasser geheizt wurde. Während der neun Wintermonate erkrankte Nicolò Zeno, schaffte es noch zurück nach Frisland, wo er verstarb.

Antonio erbte seinen Reichtum und bettelte, nach Italien zurückkehren zu dürfen. Doch er erhielt keine Erlaubnis. Fürst Zichmni hatte noch Pläne mit Antonio Zeno. Fischer hatten 1600 Kilometer westlich von Frisland eine reiche Insel namens Estotiland entdeckt. Nach ihrer Rückkehr hatten sie von Menschen erzählt, die Latein sprachen. Sie berichteten von Burgen, Schriftzeichen und Goldminen, von Getreideanbau, Bier und Segelschiffen. Nur den Kompass hätten die Menschen dort nicht gekannt.

Um dieses Land zu finden, musste Antonio Zeno als Kapitän mit auf große Fahrt. Der Geschichte zufolge segelten sie nach Ledovo, erkundeten das Icariasche Meer, kreuzten westwärts zu einer idyllischen Insel. Dort ankerten sie in einer weiten Bucht, wanderten über grüne Wiesen und erblickten einen rauchenden Berg. Sie staunten über die Massen von Fischen, über die fruchtbare Erde und Höhlenmenschen, die wild, schüchtern und kleinwüchsig waren. Zichmni veranlasste die Gründung einer Stadt. Antonio Zeno sollte hingegen alle Männer, die nicht bleiben wollten, zurück nach Frisland bringen.

Zwanzig Tage lang hielt er von Estotiland aus den Kurs ostwärts in Richtung Frisland, dann fünf Tage gen Südosten. Er landete auf Neome, von dort aus war es nicht mehr weit bis Frisland. Damit endet die Geschichte.

Im Nachwort des Buches schreibt Nicolò Zeno der Jüngere, dass er die Briefe seiner Vorfahren als Kind entdeckt habe. Nach der Lektüre habe er die Originale in Stücke gerissen. Er sei halt ein kleiner Junge gewesen. »Ein Umstand, an den ich mich heute mit größten Schamgefühlen erinnere«, gesteht er. Doch die Geschichte seiner Vorfahren dürfe nicht vergessen werden. Mit dem Buch veröffentlicht er 1558 eine detaillierte Karte des Nordatlantiks. Frisland ist darauf größer als Irland. Die Originalkarte, schreibt er, liege zusammen mit anderen alten Dingen in seinem Haus und sei gut zu entziffern.

Europas Kartografen staunen über die Zeno-Karte. Viele Details sehen plausibel aus. 1569 trägt Gerhard Mercator in seinem Kartenwerk die Insel Frisland südlich von Island ein. Und Abraham Ortelius meint gar, nicht Christoph Kolumbus habe die Neue Welt entdeckt, jedenfalls nicht den nördlichen Teil, der Estotiland heiße und sich am weitesten in Richtung Europa erstrecke, sowie die Inseln Groneland, Island und Frisland. Diese seien zuerst von frisländischen Fischern betreten und von Antonio Zeno wiederentdeckt worden.

Das britische Königshaus erklärt Frisland zum Staatsbesitz. »Um die fünfte Stunde sprach ich mit der Königin. Ich sprach mit ihrem Sekretär Walsingham. Ich erläuterte der Königin, welche Ansprüche sie auf Greenland, Estotiland und Friseland erheben könne«, schreibt der Mathematiker John Dee am 28. November 1577 in sein Tagebuch und behauptet, dass die Länder ohnehin längst zu England gehörten: »Circa anno 530 eroberte König Arthur nicht nur Iseland, Groenland und alle nördlichen Inseln bis nach Russland, seine Herrschaft reichte bis zum Nordpol. Er sendete Kolonialisten dorthin und auf alle Inseln zwischen Schottland und Iseland, womit es wahrscheinlich ist, dass die letztgenannte Insel Friseland eine alte britische Entdeckung und Besitztum ist.«

Im 19. Jahrhundert erforschen Historiker die Geschichte der Zeno-Brüder. In mehr als vierhundert Artikeln und Büchern wird jedes Detail seziert: Nicolò und Antonio waren tatsächlich venezianische Seefahrer. Doch Nicolò starb nicht 1394 auf Frisland, sondern stand in jenem Jahr als Angeklagter in Venedig vor Gericht. Er soll als Militärgouverneur in Griechenland Gelder veruntreut haben. Viele Details der Karte, so ermitteln Forscher, wurden aus älteren, verschollenen Werken kopiert.

Trotzdem könnte an der Geschichte etwas Wahres sein. Möglicherweise stimmen nur die Jahreszahlen nicht. Die Landschaften, die beschrieben werden, erinnern an die Färöer-Inseln. Vielleicht sahen die Brüder auf ihren Seereisen die Vulkane auf Island, von denen im Buch berichtet wird. Zu ihrer Zeit gab es auch schon eine Kathedrale im grönländischen Gardar, einem damaligen Bischofssitz in einer fruchtbaren Ebene im Süden. Und Estotiland, so spekuliert der Autor und Segler Donald Johnson, könnte doch die Amerika vorgelagerte Halbinsel Labrador sein. Falls es irische Mönche dorthin geschafft haben sollten, dann würde dies auch erklären, warum sich die Menschen mit den Fischern aus Europa auf Latein verständigen konnten.

Vermutlich ist alles viel einfacher: Nicolò Zeno der Jüngere lebte in Venedig, wo Seefahrer aus aller Welt an Land gingen und in den Kaschemmen am Hafen ihre Abenteuergeschichten erzählten. Zeno musste nur zuhören und alles aufschreiben. So gesehen enthält sein Buch zwar nicht die wahre Geschichte seiner Vorfahren, aber immerhin das mündlich tradierte Wissen seiner Zeit, das ansonsten verloren gegangen wäre.

TRIVIA

1998 feierten die Nachfahren von Henry I. Sinclair, Earl of Orkney, den sechshundertsten Jahrestag der Entdeckung Amerikas. Die Familie ist sich sicher, dass ihr Vorfahre niemand anderes als Fürst Zichmni ist. Sie wollen einen Beweis in der Rosslyn-Kapelle gefunden haben, wo

Henry I. Sinclair begraben liegt. Es ist eine gotische Kirche aus dem 15. Jahrhundert im schottischen Dorf Roslin. Im Deckengewölbe des Gebäudes, das 1446 erbaut worden ist, also noch vor der Entdeckung Amerikas durch Christoph Kolumbus, sind angeblich Darstellungen von Mais enthalten. Zur Zeit des Kirchenbaus war Mais in Europa aber noch unbekannt. Er wuchs nur in Amerika. Folglich musste Sinclair den Mais von einer Seereise aus Südamerika mitgebracht haben.

HARMSWORTH-INSEL
NORDPOLARMEER

[ALFRED-HARMSWORTH-INSEL]

Position auf 57° Nord

Größe unklar

Sichtungen 1897

Karten unklar

Albert-Eduard-Insel

HARMSWORTH-INSEL

Arthur-Insel

Alexandraland

Prinz-Georg-Land

Hunderte Menschen winken mit Taschentüchern, als das größte Luftschiff der Welt um 8:35 Uhr am Morgen des 24. Juli 1931 aus dem Hangar in Friedrichshafen gezogen wird: die LZ 127 *Graf Zeppelin*, Länge 236,6 Meter, Durchmesser 30,5 Meter, angetrieben von fünf jeweils 2850-PS-starken Ottomotoren, Reisegeschwindigkeit 115 km/h. In der Gondel unter dem Rumpf sind Kabinen für fünfundzwanzig Passagiere angebracht, ferner ein Salon von fünf mal sechs Metern sowie eine Küche. Die *Graf Zeppelin* ist bereits nach Nordamerika geflogen, in den Orient, nach Südamerika, Russland, Großbritannien und einmal um die ganze Welt.

Heute startet die erste Arktisreise eines Zeppelins überhaupt, ein weiterer Rekordversuch und eine geniale Werbung für die Luftschiffe. Unter Leitung von Hugo Eckener, dem Vorstand der Zeppelinwerke, soll die Expedition über Berlin und Leningrad nach Franz-Josef-Land und vorbei an der Harmsworth-Insel gehen, die nicht weit entfernt vom Nordpol in der Barentssee liegt. Von dort aus soll es ostwärts zur Inselwelt vor Sibirien und schließlich zurück nach Deutschland gehen. 13 000 Kilometer in sechs Tagen, die meiste Zeit davon durch eisige Temperaturen.

Hugo Eckener steigt in die Gondel, das dreißig Mann starke Personal folgt, dann zwölf Forscher aus Deutschland, der UdSSR, Schweden und den USA sowie drei Reporter, darunter ein junger Mann namens Arthur Koestler. Eckener ist nicht nur ein Industrieller, sondern auch Präsident der Aeroarctic, einer Gesellschaft zur Erforschung der Arktis. Lange hat er diese Fahrt geplant und sich öfters mit Roald Amundsen, dem ersten Mann am Südpol, getroffen; eigentlich sollte Amundsen ihn auf der Fahrt begleiten, doch dann ist er auf der norwegischen Bäreninsel verschollen.

Nun hebt der Zeppelin ab, die Zuschauer winken wieder. Eckener war früher Journalist. Er weiß, wie Geschichten inszeniert werden müssen. Eigentlich sollte die *Graf Zeppelin* am Nordpol das Unterseeboot *Nautilus* treffen. Die Reporter hätten eine wunderbare Szene vorgesetzt bekommen, die sie mit großen Worten hätten bejubeln können: Luftschiff trifft U-Boot! Am Nordpol! Historisch! Doch die *Nautilus* steckt in Norwegen fest. Daher ist jetzt ein Treffen mit dem sowjetischen Eisbrecher *Malygin* vor Franz-Josef-Land geplant.

Noch nie ist ein Luftschiff so weit nach Norden vorgedrungen. »Die einstigen Forscher, die zu Fuß unterwegs waren, schauten sicher oft in die Freiheit des Himmels. Sie müssen sich dann gefragt haben, wie das Land wohl aus der Luft aussehen mag«, schreiben die US-Forscher Lincoln Ellsworth und Edward Smith, die mit an Bord sind. Doch die Polarforscher suchen mehr als nur den Rausch des Unterwegsseins. Sie wollen nicht zuletzt bestehende Karten überprüfen. Und sie hoffen, dabei auf unbekannte Inseln zu stoßen. Wo sonst könnten jetzt, in der Mitte des 20. Jahrhunderts, spektakuläre Entdeckungen gemacht werden, wenn nicht in den Polargebieten der Erde?

Abends um sechs Uhr landen die Reisenden in Berlin. Am nächsten Morgen fährt die *Graf Zeppelin* weiter in Richtung Helsinki, dann ostwärts nach Leningrad, wo noch einmal in Hotels übernachtet wird. Als es weitergeht, sehen die Abenteurer die Peter-und-Paul-Festung, dann Seen, Wälder, Siedlungen. So nähern sie sich dem Niemandsland des hohen Nordens. Nachmittags gleiten sie über Archangelsk hinweg, den größten Holzhafen der Welt, wo Baumstämme die Wasserstraßen verstopfen. Um 19 Uhr wird der Polarkreis überflogen. Der Wind weht aus östlicher Richtung und nimmt zu, als sie das Meer erreichen. Die Temperatur fällt, sie verlassen die wärmere Klimazone und dringen in die kalte Arktisluft ein. Stundenlang folgt die *Graf Zeppelin* dem Küstenverlauf, mal in 500, mal in 200 Meter Höhe. Von oben sind Holzbalken an den Ufern zu sehen und Fischreusen für den Lachsfang.

Am nächsten Morgen wird Kap Kanin erreicht, der nördlichste Punkt auf dem russischen Festland. Frisch weht es aus Nordnordwest, Stärke 5 bis 6 auf der Beaufort-Skala. Vor ihnen liegt die Barentssee, 2500 Kilometer sind es übers Meer nach Franz-Josef-Land. Um Kraftstoff zu sparen, lässt Eckener zwei der fünf Motoren stoppen. Nachts treibt das Luftschiff mit dem Wind voran, morgens sehen die Forscher verlorene Baumstämme im Meer treiben und Vögel auf den Wellen reiten. Die *Graf Zeppelin* gleitet durch Nebelschwaden, Außentemperatur vier Grad. Sie steigt auf, bis über ihr nur noch blauer Himmel ist und unter ihr ein weißes Nebelmeer wabert. Am Vormittag funkt die Mannschaft die *Malygin* an, die vor der Hooker-Insel auf sie wartet.

Erst vier Jahrzehnte zuvor wurde der Franz-Josef-Archipel kartiert. Der britische Polarforscher Frederick George Jackson führte eine Expedition an, finanziert vom britischen Verleger Alfred Harmsworth. Jackson erkundete von 1894 bis 1897 das riesige Inselreich. Mit seiner Pionierarbeit zeigte er, dass es sich um eine Gruppe von knapp zweihundert Inseln handelt – und nicht um einen Kontinent wie bis dahin angenommen. Er entdeckte auch eine unbekannte Insel nordwestlich des Archipels, die er nach seinem Gönner Harmsworth benannte. Von der *Graf Zeppelin* werden die Reisenden das Eiland später sicher sehen.

Per Funk berichtet die *Malygin*, dass das erste Eis bei 78 Grad nördlicher Breite beginne, ansonsten sanfte, nordöstliche Winde, leichter Nebel. Langsam verziehen sich die Wolken unter der *Graf Zeppelin*. Auf dem Meer treiben Eisschollen, nur einen Meter dick – so flach, dass sie erst im vergangenen Winter entstanden sein können. Dann flaut der Wind ab.

Nachmittags kommen die südlichen Inseln von Franz-Josef-Land in Sicht. Kap Flora auf der Northbrook-Insel liegt nackt voraus, frei von

Gletschern. Ein unvergesslicher Ort für Polarforscher. Die Insel ist von See aus leicht zu erreichen, viele Expeditionen starteten von hier aus ihre Erkundungen.

Um 17:45 Uhr kreist die *Graf Zeppelin* über der Hooker-Insel. Auf einem Felssockel steht eine sowjetische Radio- und Wetterstation. Die *Malygin* ankert vor der Küste. Das Meer ist jetzt ruhig, keine Wellen, keine Gischt, das Luftschiff spiegelt sich im Wasser. Wenige Eisblöcke treiben darin. Hugo Eckener lässt die aufblasbaren Pontons bereitmachen, die als Schwimmringe dienen. Gleichmäßig beginnt der Sinkflug. Dreißig Meter über dem Meer werden an Seilen befestigte Bottiche hinabgelassen, die mit Wasser volllaufen. Mit diesem zusätzlichen Gewicht lässt sich das Luftschiff weiter nach unten ziehen. Anschließend wird ein Anker abgeworfen.

Von der *Malygin* aus wird ein Boot losgeschickt. Als es am Zeppelin ankommt, folgt ein kurzes Händeschütteln zwischen der Seitentür der Gondel und dem Bug des Bootes. Postsäcke wechseln die Besitzer. Vom Luftschiff werden 50 000 Postsendungen von etwa 300 Kilogramm aus aller Welt übergeben, von der *Malygin* werden 120 Kilogramm übergeben. Tatsächlich ist die Reise nicht zuletzt durch den Verkauf von Briefmarken finanziert worden.

Plötzlich treibt eine Eisscholle auf die *Graf Zeppelin* zu, sofort müssen Bottiche entleert und Anker gelichtet werden. Schon fünfzehn Minuten nach der Landung steigt der Zeppelin wieder auf und fährt weiter mit einem großen Schlenker um Prinz-Georg-Land, die größte und längste Insel des Archipels. Dann ostwärts bei ausgezeichneter Sicht, sechzig Kilometer weit kann man sehen.

In den Karten zeigen sich die ersten Fehler: Armitage Island ist keine Insel, sondern nur eine Halbinsel von Prinz-Georg-Land. Die Insel

Albert Edward existiert gar nicht. Überhaupt ist bis zum Horizont kein Land zu sehen. »So merkwürdig es klingt, Harmsworth Land existiert auch nicht. Wo es sein sollte, war nichts als die schwarze aktische See und die helle Widerspiegelung des darüber hingleitenden Luftschiffs«, berichtet der Journalist Arthur Koestler. Und der Wissenschaftler Ellsworth funkt gegen 18:45 Uhr an die American Geographical Society: »Trafen erstes Eis in losen Bereichen 120 Meilen südlich des British Channel. Kreisen jetzt Alexandra Island. Aktuelle Karten nicht korrekt. Albert Edward Island und Harmsworth Island existieren nicht.« Es ist eine kurze Nachricht. Der Verleger und Namenspate Alfred Harmsworth erfährt jedoch nicht mehr davon. Er ist knapp ein Jahrzehnt zuvor in London gestorben.

Dann dreht die *Graf Zeppelin* nach Nordosten. In einer Bucht erblicken die Reisenden tatsächlich unbekannte, winzige Felseninseln, die noch nicht in den Karten verzeichnet sind. Um Mitternacht des vierten Reisetages wird Kap Fligely auf der Rudolf-Insel umrundet. Es ist der nördlichste Punkt ihrer Expedition und der nördlichste Landpunkt Eurasiens, knapp 800 Kilometer vom Nordpol entfernt. Eckener und Ellsworth blicken nach Norden. Ein Glimmen am Horizont, wo gerade die Mitternachtssonne untergegangen ist. Die Welt ist in weiches und sanftes Licht getaucht, nur ein goldener, glitzernder Streifen zieht übers Eis.

Das Luftschiff gleitet auf 250 Höhenmeter hinab, passiert zwei sich überlappende, glatt polierte Eisschollen. Auf den Eisfeldern steht Schmelzwasser in Pfützen. Manche mit braunen, grünen, gelben Tupfern vom Chlorophyll der Algen und des Planktons, die in den Wasserlachen wachsen wie seit Urzeiten.

Am Morgen des 28. Juli weht eine frische Brise. Die *Graf Zeppelin* fährt mit 105 km/h durch leichten Nebel. Die Reisenden sehen die Insel Sewernaja Semlja, die Sibirien vorgelagert ist. Unter den Forschern dehnt sich weißes schroffes Land aus, über das noch immer keine Berichte existieren. Flache Gletscher gehen in Meereis über. Wo das eine beginnt und das andere endet, lässt sich kaum ausmachen. Dann fahren sie westwärts über Festland, unter ihnen die Taimyr-Halbinsel. Tundraland, braun, grün, rot. An Seen brüten Tausende von Vögeln. Rentiere ziehen in Herden durch die Ebenen und jagen auseinander, sobald sie das Luftschiff wahrnehmen.

Noch einmal geht es übers Meer nach Nowaja Semlja, einer schmalen, 900 Kilometer langen Doppelinsel im Nordpolarmeer. Es ist der fünfte Tag ihrer Reise, und erstmals sehen sie alpine Gletscher. Nachmittags fahren sie zurück über die Barentssee, abends passieren sie Archangelsk.

Am nächsten Tag stoppen sie für eine halbe Stunde in Berlin-Tempelhof, wo Tausende Zuschauer mit Taschentüchern winken. Am 31. Juli 1931 landet die *Graf Zeppelin* morgens um fünf Uhr nahezu unbemerkt in Friedrichshafen.

Noch heute werden frankierte Originalbriefe unter Sammlern gehandelt, mit denen einst die Expedition finanziert wurde.

JUAN DE LISBOA
INDISCHER OZEAN

Position 73° 36' Ost, 27° 34' Süd

Größe unklar

Sichtungen unklar

Karten van Keulen (1689)

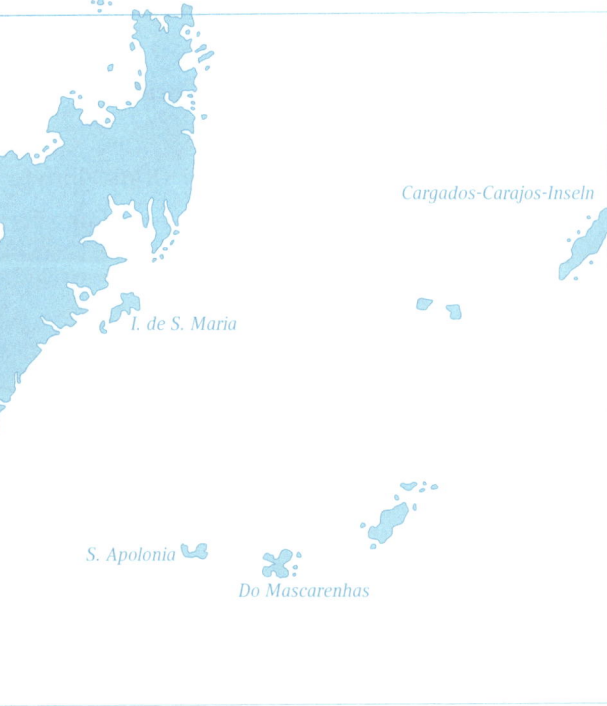

Cargados-Carajos-Inseln

I. de S. Maria

MADAGASKAR

S. Apolonia

Do Mascarenhas

JUAN DE LISBOA

K ann man nicht schaurige Details über Menschenquälerei auftreiben«, weist Reichskanzler Otto von Bismarck im Herbst 1888 seinen Mitarbeiterstab an. Er braucht einen Grund, einen Aufstand in der
jungen deutschen Kolonie Ostafrika niederzuschlagen. An der Küste
rebellieren die Menschen gegen die brutalen Landräuber aus dem
Deutschen Reich. Sie wollen lieber weiter dem Sultanat Sansibar an-
gehören. Um einen Einsatz der Marine zu rechtfertigen, behauptet
Bismarck öffentlich, dass der Aufstand von fanatischen Sklavenhänd-
lern gesteuert werde.

Am 4. November schickt Berlin ein Telegramm an den Kommandeur
in Ostafrika: »Der Kaiser befiehlt: Strenge Blockade der festländischen
Häfen des Sultanats gegen Sklavenhandel und Zufuhr von Kriegsmate-
rial in Gemeinschaft mit England bewerkstelligen.« Alle verdächtigen
Schiffe seien ohne Unterschied der Flagge zu untersuchen und gegebenenfalls zu besetzen.

Anfang Dezember patrouillieren die ersten vier Kreuzer und Kano-
nenboote in den Gewässern vor der deutschen Kolonie. »Jetzt auf und
nieder die Küste zur Dhau-Jagd, alle fünf bis sechs Wochen mal nach
Sansibar, um Kohlen zu nehmen, einige Blechboxen mit Konserven zu
kaufen und weiter«, notiert ein Leutnant. Die Verpflegung sei mäßig,
das Klima nicht sonderlich angenehm.

Tausende Schiffe werden in den kommenden Monaten kontrolliert.
Doch nur wenige Fänge gelingen. Am 5. Dezember etwa befreit die
deutsche Marine 87 Sklaven von einer Dhau, einem dort verbreiteten
Segelschifftyp, Mitte Dezember sogar 146. Es sind die spektakulärsten
Coups. Beide Male schleppen die Kreuzer die Sklavenschiffe an die
Küste, wo sie in Stücke zersägt und am Strand ausgestellt werden. Die
geretteten Sklaven werden auf christliche Missionsstationen verteilt.

Die merkwürdigste Befreiung gelingt dem Kreuzer *Leipzig* an Heiligabend des Jahres 1888 auf dem Indischen Ozean. Die deutschen Seeleute entern eine Dhau, auf der fünf hellhäutige Sklaven gefesselt im Unterdeck liegen. Sie sprechen fließend Französisch und heißen Samuel, Wilhelm, Kasimir, August und Benjamin von Benjowski. In der Obhut der Missionsstation erzählen sie einem jungen Pater, dass ihr Urgroßvater, Moritz August von Benjowski, am Ende des 18. Jahrhunderts auf Madagaskar eine Kolonie gegründet habe. Im Namen des französischen Königs sei dort eine Stadt aus Lehmhütten errichtet worden. Der Urgroßvater habe Straßen gebaut, Handel mit anderen Inseln aufgenommen und Konflikte geschlichtet. So sehr hätten ihn die Menschen auf Madagaskar geachtet, dass sie ihn zum König wählten. Doch dann habe ihn Frankreich fallen gelassen und angegriffen. Bei einem Scharmützel sei der Urgroßvater von einer Kugel in der rechten Brust verletzt worden. Er habe sich im Urwald versteckt und sei Tage später mit Getreuen auf einem Schiff nach Juan de Lisboa geflohen.

Die Insel war im 17. Jahrhundert von französischen Kapitänen entdeckt worden. In einer Karte des Geografen Johannes van Keulen aus dem Jahr 1689 liegt sie östlich von Madagaskar und sieht aus wie ein Delfin, der gerade aus dem Wasser springt. Weil die Insel nicht wiedergefunden wurde, galt sie als verschollen – und war damit ein perfektes Versteck für den Verfolgten.

Die Urenkel berichten dem Pater weiter, dass Moritz August von Benjowski auf Juan de Lisboa wie ein Gott aufgenommen und erneut zum Herrscher gewählt worden sei. Er habe eine Stadt gegründet und die Tochter eines Häuptlings geheiratet und zur Königin gemacht. Zusammen hätten sie ein Parlament gegründet und freie Wahlen eingeführt. Sie zeugten eine Handvoll Kinder. Hundert Jahre lang habe

Frieden auf Juan de Lisboa geherrscht. Dann seien die Sklavenhändler gekommen, und jetzt seien sie endlich von der *Leipzig* gerettet worden. Wo genau die Insel liege, wollen die fünf Sklaven nicht verraten. Schließlich solle sie wieder in Vergessenheit geraten.

TRIVIA

Vielleicht diente Juan de Lisboa dem *Guardian* als Vorlage für die erfundene Insel San Serriffe. Am 1. April 1977 porträtierte die britische Zeitung die angebliche Insel auf sieben Seiten. Anlass war der zehnte Jahrestag einer Revolution, schrieben die Journalisten: Am 1. April 1967 revoltierte die Bevölkerung, vertrieb den autokratischen General namens Pica und führte eine radikale Demokratie ein. Begeistert bilanzierte der *Guardian*: San Serriffe erlebe wirtschaftlichen Aufschwung, sozialen Fortschritt, und im Parlament würden Debatten nicht von einer Parteiräson begrenzt.

45°

40°

KALIFORNIEN

35°

Pararas-Insel

30°

S.-Marco-Insel

KALIFORNIEN · PAZIFIK

[BAJA CALIFORNIA, NIEDERKALIFORNIEN]

25°

Position vor der Westküste Mexikos

Größe unklar

Sichtungen 1533

Karten John Speed (1626)

20°

n der Nacht des 28. November 1533 sammeln sich die Verschwörer an Deck. Sie schauen sich noch einmal um, nicken sich zu, dann stürzen Fortún Ximénez, der Erste Steuermann der *Concepción*, sein Bruder und einige baskische Landsleute zur Kabine des Kapitäns, des übellaunigen Satans Diego de Becerra. Mit gezücktem Dolch treten sie die Türe ein. Becerra wacht auf, springt aus dem Bett, sie schlagen zu, auf den Kopf, auf Arme und Oberschenkel. Er schreit auf, fällt zurück und klatscht mit der Brust voran auf sein Bett, an das sein blutender Körper gekettet wird. Schon stürmen sie weiter zu den Kabinen der spanischen Offiziere, stechen zu, schlagen fast alle tot.

Von jetzt an kommandiert Ximénez die Galeone. Seit einem Monat segelt das Schiff an der mexikanischen Pazifikküste nordwärts auf der Suche nach einem legendären Goldland, das der Schriftsteller Garci Rodríguez de Montalvo zwei Jahrzehnte zuvor beschrieben hat, und einer Meeresstraße, die vom Pazifik in den Atlantik führen soll. Spanische Geografen beteuern die Existenz einer solchen Passage, der sogenannten Straße von Anián. Vermutlich ist sie nicht allzu weit vom Äquator entfernt. Sie würde den weiten Weg um Südamerika herum überflüssig machen. Die Schiffsreise von Spanien nach China wäre viel kürzer.

Im Dezember segelt Fortún Ximénez in einen weiten Golf: Auf Steuerbord sieht er das kontinentale Festland und auf Backbord ebenfalls Land, das er Baja California tauft. Er ist sich sicher, dass es sich dabei um ein Eiland handelt.

»Wisse, dass rechter Hand von Indien eine Insel namens California liegt, die sich sehr nahe am irdischen Paradies befindet«, fabulierte Montalvo in seinem Roman *Die Heldentaten Esplandíans*. Er erzählt dort, dass die Insel von schwarzen Frauen bevölkert sei, ohne einen einzigen Mann unter ihnen, denn sie lebten nach Art der Amazonen. Sie seien von robustem Körperbau, stark und leidenschaftlichen Herzens und von großer Tugendhaftigkeit. Er führt aus: »Ihre Waffen sind gülden, ebenso wie der Harnisch der wilden Bestien, die sie zähmen und reiten. Die ganze Insel ist voll von Gold und Edelsteinen. Hier gibt es kein anderes Metall.« Die Herrscherin heiße Califia, eine Königin von majestätischem Ebenmaß, schöner als alle anderen, in voller Blüte ihrer Weiblichkeit. Sie sehne sich nach dem Ruhm großer Taten, sei beherzt, mutig und mit Leidenschaft tapfer. Fünfhundert Greife – halb Adler, halb Löwe – schützten das Frauenvolk. Auf jeden Mann, der sich nähere, stürzten sich die Bestien vom Himmel herab.

Fortún Ximénez, überzeugt, Montalvos Insel entdeckt zu haben, wagt sich mit einundzwanzig Männern trotzdem nach Baja California. Um Frischwasser zu suchen, rudern sie hinüber. Von Bord aus beobachtet der Rest der Mannschaft hilflos, wie mit Speeren bewaffnete Indianer auftauchen und Ximénez und seine Gefolgsleute ermorden.

Die *Concepción* setzt rasch Segel, wendet gen Süden und erreicht Wochen später den Hafen von Acapulco an der Pazifikküste. Hier berichten die Rückkehrer ihrem Auftraggeber, dem Konquistadoren Hernán Cortés, vom Unglück an der Küste der Insel Baja California.

Erst sechs Jahre später, 1539, wird Francisco de Ulloa losgeschickt, um im Namen von Cortés erneut nach der legendären Straße von Anián zu suchen. Mit drei Schiffen verlässt Ulloa am 8. Juli die Küstenstadt Acapulco. Ulloa segelt strikt an der Küste entlang und weit in die Wasserstraße zwischen Baja California und Mexiko hinein. Doch die Wasserstraße verjüngt sich immer mehr – bis zur Mündung des Colorado River ganz im Norden, wo sie sich als Sackgasse erweist. Es ist also nicht die Straße von Anián, sondern bloß eine riesige, unüberschaubare Bucht.

Ulloa kehrt um, segelt südwärts, immer an der Halbinsel Baja California entlang, umrundet deren Südspitze und kreuzt an der Pazifikküste erneut nordwärts. Während eines Sturmes sinkt die *Santo Tomás*. Mit zwei Schiffen segelt die Expedition weiter. Während eines weiteren Unwetters verliert sich die Spur von Ulloas *Trinidad*.

Zurück in Acapulco, berichtet die Besatzung des dritten Schiffs, der *Santa Agueda*, von den Schiffsunglücken und der Enttäuschung, dass Baja California doch nur eine lang gezogene Halbinsel ist. In den Karten der führenden europäischen Geografen wird sie fortan korrekt verzeichnet. Eigentlich wäre ihre Geschichte hier zu Ende.

Aber am Ende des 16. Jahrhunderts wird die Legende wiederbelebt: Der griechische Seemann Juan de Fuca, eigentlich Ioannis Phokas, erkundet unter spanischer Flagge die Westküste Nordamerikas. Zurück in Europa, prahlt er damit, die Straße von Anián entdeckt zu haben. Sie liege zwischen dem 47. und dem 48. nördlichen Breitengrad. Kaum zwanzig Tage brauche man bis zum Atlantik – damit sei bewiesen, dass die Baja California doch eine Insel ist. Übrigens sei das Land an der Passage »sehr fruchtbar, reich von Gold, Silber, Perlen«. Seine Geschichte verbreitet sich wenig später in London und spricht sich dort unter den Kartenmachern herum.

1626 veröffentlicht der Brite John Speed eine fulminante Karte der Neuen Welt. Nie zuvor sind deren Küsten so präzise dargestellt worden. Speed liefert zudem acht detaillierte Stadtansichten und zehn Darstellungen von Eingeborenen. Auf der Rückseite schreibt er allerdings verächtlich über barbarische Sitten und religiösen Götzendienst. Wie sonst hätten sie gewöhnliche Europäer für Götter halten können,

fragt er. Die Eingeborenen seien rohe Menschen, und »ihre Gewalt-
tätigkeit scheint der Hölle entsprungen«, notierte er. Seine Karte prägt
das Bild der Neuen Welt. Sie enthält aber einen Schönheitsfehler: Baja
California ist auf ihr als Insel eingezeichnet.

Acht Jahrzehnte lang glauben die Menschen an die Legende. Dann, am
Ende des 17. Jahrhunderts, beweist der jesuitische Missionar Eusebio
Francisco Kino endgültig, dass Baja California lediglich eine Halbinsel
ist. Kino hat unter anderem in Süddeutschland Theologie, Mathematik
und Astronomie studiert. Im Frühjahr 1681 trifft er in Pimería Alta ein,
einem Gebiet nördlich der spanischen Kolonien, und beginnt sofort
damit, Missionsstationen zu errichten. Mehr als zwei Jahrzehnte lang
erkundet er die Region, schafft ein Wegenetz und wandert bis zum
Colorado River, der in die große Bucht zwischen Festland und Halbinsel
mündet. 1702 fertigt Kino eine Karte an, auf der diese Entdeckung
vermerkt ist, schickt eine Kopie nach Paris, die in einer jesuitischen
Zeitschrift veröffentlicht wird – und später in Diderots *Encyclopädie*.

In Amerika lebt die Legende trotzdem weiter. Noch 1746 bricht von
Mexiko eine Expedition auf. Sie will die Inselform für alle Welt bewei-
sen – und scheitert an der Wirklichkeit. Erst seit Mitte des 18. Jahrhunderts ist damit bewiesen, dass im Westen Amerikas nie eine sagenhaf-
te Amazoneninsel existierte.

KANTIA · KARIBIK

Position 14. Breitengrad

Größe unbekannt

Sichtungen 1884

Karten unklar

Im Jahr 1884 segelt der Ozeanologe Johann Otto Polter durch die Karibik, als er auf dem 14. Breitengrad eine Insel aus dem Meer aufragen sieht. Sie liegt einige Seemeilen östlich des äußeren Antillenbogens und ist in keiner Karte eingetragen. »Im Osten schlägt der atlantische Ozean mit wilder Wucht seine Gischt gegen eine felsenreiche Küste. Im Süden und Westen aber plätschert die See mit zartem Grün über strahlend-weißen Sand. Der Norden der Insel wird von einem Gebirge beherrscht, der Süden ist eher flach – und überall scheint die Erde äußerst fruchtbar«, schreibt er. Und weiter: »Die Wilden gehen nackt wie Gott sie geschaffen und sind von guter Statur – auch scheinen sie wohl gesonnen. Es ist ein Paradies auf Erden – zum Ruhme unseres größten Denkers will ich es Kantia taufen.«

Vier Jahre später, 1888, will Johann Otto Polter die Insel erforschen. Um das Paradies »in unsere deutsche Heimat zu überführen«, finanziert er als Sohn einer Leipziger Kaufmannsfamilie die Expedition aus eigenen Mitteln. Allein, die Insel taucht nicht wieder auf. 1903 und 1909 unternimmt er weitere vergebliche Suchen. An eine Täuschung will Polter zeitlebens nicht glauben. Noch als ergrauter Mann blickt er auf einem Foto stolz in die Ferne und hält in der linken Hand ein Dokument, das ihn als Entdecker von Kantia auszeichnet. Darunter steht: »im Dienste von seiner Majestät Wilhelm II., Kaiser der Deutschen und König von Preußen«. Kantia ist ein deutscher Sehnsuchtsort, und Johann Otto Polter »ein in jeder Hinsicht phantastischer Segler«, wie der Schweizer Feuilletonist Samuel Herzog augenzwinkernd am 22. Mai 2004 in der *Neuen Zürcher Zeitung* schreibt. Vielleicht habe Polter die Position der Insel falsch berechnet, spekuliert Herzog. Vielleicht hatte er auch einen Fieberanfall oder zu viel Rum gesoffen.

Fünf Jahre später, am 25. August 2009, wird die Geschichte im Wiener *Standart* aufgegriffen – und Johann Otto Potter soll demnach einer Phantominsel nachgejagt haben. Wenig später erstellt ein Wikipedianer namens Tonka einen Artikel im Online-Lexikon, danach folgt ein Artikel in der englischsprachigen Wikipedia. Wie Treibgut wird Kantia fortan in den Feuilletons angeschwemmt. In der *Welt* fabuliert ein Reporter gar, die Insel »tauchte auf Landkarten auf«. So nimmt Kantia langsam Gestalt an. Auch von → Antilia stand einst nur ein Name auf einer Karte, bevor später eine gezeichnete Darstellung folgte.

Kantia schafft es in eine Monografie, die wiederum von der *Süddeutschen Zeitung* lobend rezensiert wird, dann auch ins *Deutschlandradio*, ins *Ärzteblatt*, in die *Rheinische Post*, in den *Berliner Tagesspiegel*, *DIE ZEIT* und andere.

Es ist eine unglaubliche Geschichte. Und sie ist absolut frei erfunden. Samuel Herzog hat sie sich ausgedacht, nachdem er eine Schuhschachtel mit alten Schwarz-Weiß-Fotos gefunden hatte. Einige zeigten Menschen, an die sich niemand mehr erinnern konnte. Um ihnen näherzukommen, dachte sich Herzog allerhand Geschichten zu ihnen aus. So auch die von Johann Otto Polter und der Insel Kantia. Und wer weiß bei all diesen Berichten, ob Kantia da draußen nicht doch irgendwo existiert.

KEENAN-LAND · NORDPOLARMEER

[KENNAN LAND]

Position nördlich von Alaska

Größe 520 km²

Sichtungen 1870er-Jahre

Karten Adolf Stieler (1891 und 1907)

RUSSLAND

Ende des 19. Jahrhunderts verirrt sich Kapitän John Keenan in den arktischen Gewässern. Orientierungslos segelt er durch die Beaufortsee nördlich von Alaska. Keenan kommandiert den Walfänger *Stambul* aus New Bedford in den USA. Seine Mannschaft hat bereits mehrere Wale erlegt, als das Wetter umschlägt. Was dann geschieht, lässt sich nicht zweifelsfrei rekonstruieren, zu widersprüchlich und zu rar sind die Quellen.

»Sie fuhren unter leichten Segeln nordwärts«, berichtet ein Seemann dem Naturforscher Marcus Baker. Und weiter: »Als sich der Nebel lichtete, hob sich im Norden deutlich Land ab. Alle Männer an Bord sahen es. Da er aber nicht auf einer Entdeckungsreise war und dort auch keine Wale in Sicht waren, musste er wieder nach Süden segeln, um dort weiterzusuchen. Der Erfolg seiner Reise hing vom Walfang ab.«

Einem anderen, dramatischeren Bericht zufolge zieht ein Sturm auf: Schon durch die erste Bö zersplittert das Ruder und der Mast bricht. Tagelang driftet das Schiff nordwärts und strandet ungefähr 500 Kilometer nördlich von Alaska auf unbekanntem Land. Keenan und seine Männer hissen an der höchsten Stelle eine US-Flagge, reparieren ihr Schiff und berichten später der Regierung in Washington von ihrer Entdeckung. Unglücklicherweise verliert Keenan seine Notizen.

Im 19. Jahrhundert erzählen sich Walfänger von Bergen und Inseln in der Beaufortsee. Auch Geografen gehen von einem Land nördlich von Alaska aus und glauben, dass das ewige Eis sich nicht bewege, weil es fest am Meeresgrund verankert sei. Sogar die Größe dieses Landes wird berechnet und deren mutmaßliche Position in Karten eingetragen. Demnach ist es nur eine Frage der Zeit, bis die Insel endlich entdeckt wird.

Von Keenans Sichtung hören selbst deutsche Kartografen: 1891 erscheint Kennan-Land in *Stielers Hand-Atlas*, benannt nach dem Kartografen Adolf Stieler; in der Ausgabe von 1907 ist der Name der Insel korrigiert in Keenan Land.

Von 1913 bis 1916 erkundet eine kanadische Arktisexpedition die Region. Dabei findet sie die Insel jedoch nicht. 1937 sucht ein Flugzeug nach einem Vermissten – und sieht nirgends Land.

Erst Air-Force-Pilot Joseph O. Fletcher deckt das Geheimnis auf. Auf einem Flug über die Beaufortsee registriert er 1946 ein ungewöhnliches Radarsignal. Unter sich sieht er auf einmal eine gigantische Insel aus Eis mit Tälern und Hügeln. Stundenlang fliegt er über die Landschaft hinweg, deren Größe er auf 520 Quadratkilometer bestimmt: ein schwimmender Tafeleisberg, sichtbar nur aus der Luft. Von der Erde aus ist es kaum als Insel auszumachen. Von ferne sind nur ihre Berge und Täler sichtbar. Mitgeschlepptes Geröll lässt es wie Land aussehen. Unmerklich treiben solche Eisinseln jahrelang mit der Strömung.

KOREA · PAZIFIK

[COORAY, INSULA DE CORE, YLHAS DE CORE]

Position 37° 30' 0" Nord, 127° 0' 0" Ost

Größe 220 000 km²

Sichtungen um 1585

Karten Linschoten (1596)

KOREA

CHINA

JAPAN

Ladrone-Insel

Der Spion fällt niemandem auf. Jan Huygen van Linschoten ist zwar Niederländer, doch er arbeitet seit Langem als Händler in Barcelona und spricht fließend Spanisch und Portugiesisch. 1583 begibt er sich auf den Weg nach Indien, um in Goa eine Stelle als Sekretär des portugiesischen Erzbischofs anzutreten. Auf seinem Schreibtisch werden viele Briefe landen, die eigentlich kein Niederländer zu Gesicht bekommen sollte.

Lange Zeit hatten die Niederländer ihre Waren über Portugal bezogen. Aber drei Jahre zuvor war Portugal von Spanien besetzt worden. Alle ausländischen Schiffe, die im Hafen von Lissabon ankerten, wurden beschlagnahmt, und seither sind die Niederlande vom Gewürzhandel abgeschnitten.

Für seine Heimat sammelt Linschoten in Goa alles Wissen über Handel und Seewege in Ostasien. Bald beginnt er die geheimen Karten der Kolonialmächte abzuzeichnen. Es ist eine gefährliche Arbeit, denn die Routen sind Herrscherwissen. Auf einer Fahrt zu einem anderen Hafen an der indischen Westküste lernt er einen holländischen Haudrauf kennen, der zu seinem wichtigsten Informanten wird: Dirck Gerritz Pomp, Spitzname: Dirck China. Pomp reist auf dem portugiesischen Handelsschiff *Santa Cruz* nach China und von dort weiter nach Japan, das er 1585 als erster Holländer erreicht.

Zurück in Goa, berichtet er seinem Freund Linschoten ausführlich von seinen Abenteuern, den fremden Ländern und einer Insel, die Korea heißt. Er hat sie selbst zwar nicht besucht, sie wurde ihm aber von Jesuiten geschildert.

Nach knapp sechs Jahren in Indien macht sich Jan Huygen van Linschoten auf den Rückweg in die Niederlande – und kommt beinahe um. Sein Schiff umsegelt das Kap der Guten Hoffnung, steuert nordwärts und geht in einem Sturm vor den Azoren fast unter. Zwei Jahre sitzt Linschoten danach auf der Insel Tercera fest, sortiert seine Notizen und hilft, das Schiff zu reparieren. Schließlich erreicht er über Lissabon seine Heimat.

1595 erscheint sein Reisebericht. Linschoten schildert die Segelrouten der Kolonialmächte nach Ostasien und schreibt über Japan: »so erstreckt sich die Küste wieder nach Norden, fällt dann wieder landeinwärts, nordwestlich, von wo aus jene Händler entlangsegeln, die mit Japan und einer Nation handeln, die Cooray genannt wird, von welcher ich gute, verständliche und wahre Informationen habe, als auch von der Navigation zu diesem Land, von den Steuermännern, die die Situation dort erkundet haben und dorthin gesegelt sind«.

Über Cooray heißt es weiter in seinem zweiten Buch *Itinerario* von 1596: »Ein wenig oberhalb von Japan, auf dem 34. und 35. Grad, nicht weit von der Küste Chinas ist eine weitere große Insel, genannt die Insula de Core, von der es bis heute keine Gewissheiten über Größe, Bevölkerung, noch über den Handel dort gibt.« Und weiter hinten im Buch: »20 Meilen südöstlich der Enseada de Nanquin [Gelbes Meer] liegen mehrere Inseln und schließlich findet sich an der Ostseite ein sehr großes, bergiges Eiland.« Es werde »von vielen Menschen bevölkert, die zu Fuß laufen oder auf Pferden reiten«.

Linschoten weiß wenig Genaues zu berichten, und vermutlich ist er sich nicht einmal sicher, ob Korea nicht sogar ein Archipel ist: »Diese Inseln werden von den Portugiesen als Ylhas de Core oder die Inseln von Core bezeichnet, sie haben im Nordwesten eine schmale Einbuchtung. Sie ist nicht sehr tief, dient aber als Hafen. Es gibt eine kleine Insel und den Herrschaftssitz des Regenten. 25 Meilen südöstlich der Hauptinsel liegt die japanische Insel Goto an der Enseada de Nanquin.«

Zusammen mit seinem Buch wird eine Karte veröffentlicht. Erstmals sehen die Holländer, wie die Welt auf der anderen Seite des Erdballs aussieht: die Umrisse Kambodschas, Indiens und einiger chinesischer Provinzen. An den Küsten sind Ortschaften verzeichnet, exotische Tiere tummeln sich in gigantischen Waldgebieten, auf dem Meer kämpfen Schiffe gegeneinander, und Ungeheuer lauern ihrer Beute auf. In der oberen linken Ecke erstreckt sich der japanische Archipel aus zahlreichen Inseln parallel zum Äquator und nicht von Nord nach Süd, wie angenommen wurde.

Westlich von Japan liegt Korea, eine lang gestreckte Insel, die nur durch einen schmalen Kanal vom asiatischen Kontinent getrennt ist. Immerhin deuten punktierte Flächen an, dass Linschoten seinen Quellen nicht ganz traut. Tatsächlich kann Korea von ferne für eine Insel gehalten werden: Die Flüsse Yalu und Tumen münden so breit ins Meer, als wäre Korea durch eine Wasserstraße vom Festland getrennt. Es dauert nicht lang, bis Seefahrer dies erkennen.

Über Jahrzehnte gelingt es keinem Europäer, das Land zu betreten. Vor der Küste patrouillieren koreanische Kriegsschiffe. Noch 1622 wird das niederländische Schiff *de Hond* mit Kanonen, Pfeilen und hölzernen Lanzen beschossen und muss zurück aufs offene Meer fliehen. Und doch ist es ausgerechnet ein Niederländer, der als erster Europäer detailliert über Korea berichtet: 1653 sinkt das Schiff des Seefahrers Hendrik Hamel vor der Küste. Als Gefangener kommt er nach Seoul und später aufs Land. Dreizehn Jahre lang lebt Hamel auf der Halbinsel, dann gelingt ihm die Flucht. Seine Erinnerungen bleiben zwei Jahrhunderte lang die einzige Quelle über das abgeschottete Kaiserreich.

MARIA-THERESIA-RIFF · SÜDPAZIFIK

[TABER, TABOR]

Position 36° 50' Süd, 136° 39' West,
auch 37° 0' Süd, 151° 13' West
Größe unklar
Sichtungen 16. November 1843
Karten unklar

Marschall-Inseln

Fidschi

Gesellschaftsinseln

Tonga

Cookinseln

Kermadecinseln

NEUSEELAND

Wachusett-Riff

Chathaminseln

MARIA-THERESIA-
RIFF

Am 26. Juli 1864 kehrt die majestätische Jacht *Duncan* von einer Fahrt nach Glasgow zurück. Als eine Insel in Sichtweite kommt, entdeckt der wachhabende Matrose plötzlich einen Hammerhai im Kielwasser der Jacht. Sofort lässt Lord Edward Glenarvan, der Besitzer des Schiffs, ein Seil mit einem Haken ins Wasser werfen, an dem ein dickes Stück Speck hängt. Momente später beißt die Bestie an, wird an Deck gezerrt, getötet und ausgenommen. Im Magen finden die Matrosen eine rätselhafte Flasche. Sie enthält eine Nachricht, die in drei Sprachen abgefasst ist und sich nur bruchstückhaft entziffern lässt: »7. Juni 1862 … Dreimaster Britannia … Glasgow … gekentert … gonien … austral … an Land … zwei Matrosen … Kapitän Gr … gegangen … Kontin gef … grausam … indi … Dokument geworfen … Längengrad und 37° 11' Breitengrad … Bringt ihnen Hilfe … verloren«. Es muss ein Lebenszeichen des vermissten Kapitäns Robert Grant sein!

Lord Glenarvan rüstet alsbald ein Schiff aus und segelt zusammen mit den Kindern des Verschollenen nach Südamerika, von dort aus – der Nachricht entsprechend – weiter auf dem 37. Breitengrad westwärts durch den Pazifik. Nach einigen Wochen stoßen sie auf eine Insel, das Maria-Theresia-Riff, das – so beschreiben sie es – vulkanischen Ursprungs ist und sich an der höchsten Stelle hundert Meter aus dem Meer erhebt. Es dauert nicht lang, dann treffen sie dort auch auf den vermissten Kapitän.

Diese Geschichte wird von Jules Verne erzählt, der selbst auf einem Segelboot durch den Ärmelkanal, auf der Nordsee und im Mittelmeer gereist ist. Er erzählt sie in seinem Buch *Die Kinder des Kapitän Grant* aus dem Jahr 1867. Die Insel, so notiert er an einer Stelle, sei »seit langer Zeit bekannt«. Und an späterer Stelle heißt es in einem Dialog:

»»Aber Insel Tabor! Das ist doch die Insel Maria-Theresia!‹ – ›Ohne Zweifel, Herr Paganel‹, erwiderte Harry Grant, ›Maria-Theresia heißt sie auf den deutschen und englischen Karten, aber Tabor auf den französischen.‹«

Anfang der 1980er-Jahre hält plötzlich ein deutscher Schüler inne, der ein Fan von Jules Verne ist: Bernhard Krauth will mehr über diese Insel wissen, wo sie liegt und wer sie entdeckt hat. Er findet sie nicht in seinem Schulatlas, entdeckt sie aber auf einer blechernen Weltkugel, nicht größer als ein Kinderball. Darauf ist sie als Maria-Theresia-Riff eingetragen. Es liegt auf dem 37. südlichen Breitengrad im Südpazifik, nicht weit vom Tuamotu-Archipel, der zu Französisch-Polynesien gehört. Nun beginnt die Recherche, und Krauth findet die Insel bald in besseren Karten: Zunächst spürt er sie in der Weltkarte aus *Mairs Geographischem Verlag* auf, dann in *Knaurs Großem Weltatlas*, einer Lizenzausgabe des renommierten *Times Atlas of the World* – allerdings ist sie dort weiter östlich verzeichnet. Möglicherweise, nimmt er an, richtete sich Verne nach dem Pariser und nicht nach dem Londoner Meridian.

1983 schreibt Krauth an das Auswärtige Amt in Bonn. Er hat gelesen, dass dort dreitausend Atlanten aufbewahrt werden. Dort weiß man zwar von nichts, aber sie schicken ihm immerhin die Kopie einer Karte aus einem russischen Atlas im groben Maßstab 1:20 000 000, auf der die Insel als kleiner Punkt eingetragen ist.

Als Nächstes erfährt er vom Deutschen Hydrographischen Institut in Hamburg, dass es in den neuesten englischen Seekarten keinen Eintrag zu diesem Riff mehr gebe. Das Institut stellt die deutschen Seekarten her – und hat in diesem Fall unrecht. Denn der Schüler findet die Insel bald auf englischen Karten. Sie ist dort allerdings noch weiter östlich verzeichnet als zuvor.

Schließlich erhält er die Anschrift des englischen Hydrographischen Dienstes. Dieser teilt ihm mit, dass die Position des Riffs im Jahr 1983 neu festgelegt worden ist, auf 36° 50' Süd und 136° 39' West. Die Existenz des Riffs sei allerdings zweifelhaft. Beigefügt ist ein Schreiben, das den Ausschlag für die Neupositionierung gegeben hat. Das Riff geht auf ein Logbuch aus dem Jahr 1843 zurück, das von Asaph P. Taber verfasst wurde. Taber ist Kapitän des US-Walfängers *Maria Theresa* und notiert mit ziemlich unleserlicher Schrift eine Notiz, die entweder als »sahen Brandung« oder als »sahen auftauchende Wale« gelesen werden kann. Der Eintrag stammt vom 16. November 1843, Position 37° Süd und 137° West. Monate nach der vermeintlichen Sichtung wird in der Zeitung *New Bedford Mercury* eine Insel vermeldet: Der Kapitän heißt nun allerdings Tabor statt Taber, und die Insel ist auf dem 37. Grad positioniert, aber Hunderte Meilen westlicher. Die Meldung wird später in anderen Zeitungen in gleicher Form abgedruckt. Schon bald erscheint in den ersten Seekarten ein Riff – mal als Maria Theresia, mal als Tabor –, wie auf einer französischen Karte, die Bernhard Krauth erstmals im Jahr 2006 in den Händen hält. Vermutlich kannte Jules Verne diese Karte. Das Buch *Die Kinder des Kapitän Grant* verfasste der Franzose jedenfalls erst vier Jahre später.

Bis heute ist die Existenz des Riffes unklar. Selbst Satellitenbilder helfen nicht weiter. Vielleicht ist es abgesunken und verbirgt sich gefährlich knapp unter dem Meeresspiegel. Aber solange seine Nichtexistenz nicht bewiesen ist, bleibt es weiter in den Seekarten vermerkt. Bernhard Krauth hätte die Insel gerne einmal aufgesucht. Fast anderthalb Jahrzehnte fuhr er unter anderem als Kapitän selbst zur See, durchkreuzte sogar den Nordpazifik, aber kam seinem Sehnsuchtsort im südlichen Pazifik dabei nie nahe.

NEW SOUTH GREENLAND
SÜDLICHER OZEAN

Position 62° 41' Süd, 47° 21' West (Nordkap)

Größe 480 km Länge

Sichtungen 1821, 1823, 1843

Karten unklar

Elephant Island

Clarence Island

Südliche Orkneyinseln

Südliche
Shetlandinseln

B r a n s f i e l d s t r a ß e

NEW SOUTH GREENLAND

James-Ross-Insel

GRAHAMLAND

Robertsoninsel

60°

50°

Mitte 1912 friert die *Deutschland* in einer riesigen Eisscholle im Südlichen Ozean fest. Manövrierunfähig driftet das Frachtschiff mit der Scholle in Richtung Nordwesten. Expeditionsleiter Wilhelm Filchner verfolgt den Kurs täglich auf seinen Karten. Immer mehr treiben sie in Richtung der strittigen Insel New South Greenland.

Als das Schiff am 23. Juni kaum mehr sechzig Kilometer von dem Eiland entfernt ist, will sich Wilhelm Filchner aufmachen, um die Insel zu suchen. Viel Zeit hat er nicht. Das Eis trägt zwar, aber niemand weiß, wie lange noch. Vor allem kann sich die riesige Scholle jederzeit unmerklich drehen, sodass sich das Schiff vielleicht nicht mehr wiederfinden lässt. Als Begleiter hat er Alfred Kling und einen Forscher namens König angesprochen, die so freudig wie arglos zugesagt haben. Kling ist Experte für Navigation, und König kennt sich perfekt mit allen Arten von Eis aus.

Vor der Abfahrt hinterlässt Filchner dem Kapitän noch genaue Anweisungen für eine eventuelle Hilfsaktion: Ab dem vierten Tage soll allabendlich am Großmast eine Ankerlaterne hängen, ab dem siebten ist immer um sechs Uhr abends eine Rakete abzuschießen. Nach zwei Wochen sollen Hilfstrupps ausschwärmen und schwarze Flaggen an den höchsten Stellen des Packeises hissen.

An diesem Sonntag um elf Uhr sausen Filchner, König und Kling in westlicher Richtung mit ihren Hundeschlitten davon. Es sind minus 35 Grad, ihr Proviant reicht für drei Wochen.

Knapp hundert Jahre zuvor ist die Insel von Benjamin Morrell erstmals beschrieben worden – jenem Kapitän, der im Pazifik die Inseln → Byers und Morrell gesichtet hat. »Um halb vier nachmittags waren wir nahe am Land«, notierte er am 15. März 1823. Am nächsten Tag kreuzte sein Schiff »ungefähr zwei Meilen vom Land entfernt«. Er sah schneebedeckte Berge. Doch es sei ein »freudloses Land«, immerhin »reich an Meeresvögeln aller Art«, zudem »3000 See-Elefanten sowie 150 Seehunde«. Am vierten Tag passierte Morrell die Nordspitze, deren Position er auf 62° 41' südlicher Breite und 47° 21' westlicher Länge bestimmte.

Es ist ein mühseliger erster Tag für Filchner, König und Kling. Auf der Südhalbkugel herrscht Winter. So nah am Südpol steigt die Sonne zu dieser Jahreszeit nicht mehr über den Horizont. Ihr Licht reicht dennoch aus, um den drei Männern in der Polarnacht als Orientierung zu dienen. Schon nach wenigen Hundert Metern weichen sie einem offenen Wasserloch aus und ändern ihren Kurs in nordwestlicher Richtung. Ständig bleiben die Schlitten im Packeis stecken.

Die Hunde, die jeweils zu acht vor einen Schlitten gespannt sind, verfangen sich immer wieder in den Zugriemen, sodass die Geschirre entknotet werden müssen. »Es ist die unangenehmste Arbeit auf Schlittenreisen«, klagt Kling in seinem Reisebericht; mit bloßen Fingern muss die Arbeit in Eiseskälte ausgeführt werden, und dabei gilt es höllisch aufzupassen, dass die Hunde nicht ausbüxen.

Um zwei Uhr nachmittags bricht die Dunkelheit herein. Die Männer entladen schnell die Schlitten, stellen ein Zelt auf und binden die Hunde an den Schlitten fest. Jedes Tier erhält zwei Pfund getrockneten Stockfisch, mehr nicht. Im Zelt schmelzen die Männer Schnee im Kocher und rubbeln sich die Eiszapfen aus dem Bart. Selbst hier drinnen ist es so kalt, dass die bloßen Finger an jedem Stück Metall sofort festfrieren. Sie essen etwas Knäckebrot, und jeder bekommt ein wenig hart gefrorene Wurst. Mithilfe eines Marlspiekers – eines eisernen Dorns – lassen sich davon kleine Stücke absprengen. Krampfhaft unterhalten sie sich, um nicht daran denken zu müssen, dass es sonntags an Bord des Schiffes immer Braten und Wein gibt. »Wir haben heute nur sechs Kilometer zurückgelegt und glauben, dass wir unsere Aufgabe nicht werden lösen können, wenn das Packeis auch weiterhin so schlecht passierbar bleiben wird«, notiert Kling.

Nachts wachsen Eiszapfen an ihren Bärten. Als sie morgens gegen neun Uhr aufstehen, fühlen sie sich ausgelaugt, und ihre Glieder schmerzen. Sie kochen Tee, essen Kekse und verschnüren das Zelt auf einem Schlitten. Gegen elf Uhr setzen sie die Reise über das rissige Packeis fort. »Falls einer von uns ins Wasser gefallen wäre, hätte er sicherlich, ehe er imstande gewesen wäre, Kleider zu wechseln, bei dieser grimmigen Kälte in den Schnee beißen müssen«, bemerkt Kling. Einmal bricht ein Finnwal durch die Eisdecke, stößt einen Wasserstrahl empor und taucht wieder ab. »Wir starren noch immer nach dem Fleck, ohne einen Ton zu sagen, denn jeder dachte in diesem Moment, was wohl passiert wäre, wenn wir gerade an dieser jetzt zerstörten Stelle gestanden hätten.« Es erschien im geisterhaften Licht wie eine Halluzination.

Nachmittags haben sie erst vier Kilometer geschafft. Im Zelt sitzen die Männer entmutigt um den Kocher herum. Das Eis ist schwieriger zu überwinden als gedacht. Niemand spricht, und bald kriechen sie in die Schlafsäcke und beten, dass sich im Schlaf nicht eine Spalte unter ihnen auftut. Kling hat in ein paar Stunden Geburtstag: Er liegt im Schlafsack, denkt an die verflossenen Jahre, »da entwand sich meinen Lippen plötzlich folgender Erguss: Schier dreißig Jahre bin ich alt / Hab' manchen Sturm erlebt! / Was wird die Zukunft bringen / In diesem eis'gen Ringen / Ob Leben oder Tod?«

25. Juni, der dritte Tag. Alfred Kling wacht in der Finsternis auf, stellt jedoch erstaunt fest, dass es schon neun Uhr morgens ist. Er weckt die Kameraden, die ihm gratulieren. Auch in dieser Eiswüste

möchte er seinen Geburtstag zelebrieren:»Ich habe mir aber doch meine zwei besten Zigarren mitgenommen, die ich an diesem Tage rauche.« Erst um halb elf brechen sie auf. Sie fahren eine Stunde in südwestlicher Richtung übers Packeis, als sie endlich glattes Feldeis erreichen. Rasch geht es westwärts. Als Kling die Koordinaten bestimmen will, ist der Kompass eingefroren. Er steckt ihn tief unter seine Kleidung, um so das darin befindliche Glyzerin aufzutauen. Nach neunzig Minuten bewegt sich die Nadel noch immer nicht. Auch der Distanzmesser funktioniert nicht mehr. So muss er sich am Mond orientieren.»Die Sache scheint also sehr bedenklich.« Wie sollen sie ihren Standort bestimmen, wie zurück zum Schiff finden, wenn die riesige Eisscholle, auf der sie sich befinden, stetig ihre Position verändert?

Immerhin haben sie heute achtzehn Kilometer zurückgelegt. Beschwingt davon sitzen sie plaudernd um den summenden Brenner. Auch der Kompass lässt sich reparieren.

Nachts kläffen die Hunde wild. Doch die Männer bleiben liegen. Morgens um sieben Uhr lugt der Mond hinter den Wolken hervor – und die Tiere sind mit den Schlitten fort! Aus der Ferne ist lautes Geheul zu hören. Kling greift eine Peitsche und rennt den Hunden hinterher. An einer Wasserrinne sieht er die Hunde mit einer Robbe kämpfen. Er schlägt mit der Peitsche auf die Tiere ein, die aber nur kurz von der Beute ablassen. Erst als der verletzte Seehund mit dem Eispickel erschlagen wird, beruhigen sich die Hunde.

Am nächsten Morgen fährt Kling hinter dem ersten Schlitten und gibt mit einer Signalpfeife seine Zeichen: ein Pfiff bedeutet »weiter rechts«, zwei Pfiffe »weiter links«, drei Pfiffe »stopp«. Endlich sind die Eisverhältnisse gut. Sie fahren bis drei Uhr nachmittags, haben fünfundzwanzig Kilometer geschafft und sind damit dreiundfünfzig Kilometer vom Schiff entfernt. Um ihre Position zu bestimmen, stellt Kling einen Theodolit, ein Winkelmessgerät, auf. Bei minus 30 Grad dreht er mit bloßen Fingern vorsichtig an den Schrauben. Zuerst wird der Stern Sirius angepeilt, aber die Fingerspitzen frieren am metallenen Fernrohr fest. Filchner übernimmt. Immer nur wenige Sekunden können sie am Theodolit arbeiten; dann müssen sie wieder Handschuhe überziehen und die Arme bewegen, damit das Blut im Körper wieder zirkuliert. Endlich ist der Sirius als schwaches Pünktchen sichtbar. Zum Ablesen der Messpunkte haben sie eine elektrische Taschenlampe mitgenommen, doch die funktioniert in der Kälte nicht. Sie behelfen sich mit einer Laterne, in der eine Kerze brennt. Nach zwei Stunden sind alle Punkte bestimmt. Normalerweise benötigt man nur zehn Minuten. Beim Tee im Zelt berechnet Kling ihre Position auf Breite 70° 32' Süd und Länge 43° 45' West. Eine merkwürdige Position, die irgendwie nicht passt. Kling versichert seinen Kameraden, das Schiff wiederzufinden. Sie vereinbaren, noch einen letzten Tagesmarsch zu wagen und dann umzukehren. So kalt ist es, dass sich an der Innenseite des Zeltes eine dünne Reifschicht bildet. Selbst in der Nase friert es. »Mich wundert es, dass wir unsere Nasen wieder heil an Bord zurückgebracht haben«, schreibt Kling später. »Ich hatte mich gegen diese Einwirkung leidlich geschützt, indem ich mir ein Taschentuch vors Gesicht steckte, das sich am nächsten Morgen stets in einen starren Eiskörper verwandelt hatte.«

Am nächsten Morgen steuern sie an einem breiten Eisloch vorbei. Als nach Kilometern noch kein Ende abzusehen ist, beschließt Filchner, hier die Meerestiefe zu bestimmen. Sie befinden sich ungefähr dort, wo Morrell von seinem Schiff aus das Land gesichtet hat. Ein Schlitten wird an den Rand des Lochs geschoben, darauf errichten sie eine Lotwinde. Sie stecken eine Eisenstange durch die Drahtrolle und befestigen diese auf dem Vorderteil des Schlittens. Als Bremse benutzen sie einen Schneeschuh, der mit dem einen Ende auf der Rolle und mit dem anderen auf dem Schlitten lagert. Als Lot fungiert ein eisernes, 75 Pfund schweres Ei.

Alfred Kling sitzt vorn am Ablauf und hält eine Zange an den Draht. So kann er das Aufstoßen auf Grund wahrnehmen. Nach einigen Hundert Metern springen erste Drahtlagen über, und es entstehen Knicke. Offenbar war der Draht zu locker aufgewickelt worden. Bei 1200 Metern reißt der Draht. »Jedenfalls haben wir mit dieser Lotung unsere Aufgabe gelöst, denn das verheißungsvolle Land ist weder zu sehen, noch kann aufgrund unserer Lotung Land in der Nähe sein«, schreibt Kling. Insgesamt sind sie 57 Kilometer von der *Deutschland* aus gereist. Bis New South Greenland hätten es aber nicht mehr als acht Kilometer sein sollen. Tatsächlich haben sie sich aufgrund der Drift sogar 102 Kilometer vom Ausgangspunkt entfernt. Benjamin Morrell muss sich geirrt haben.

Drei Jahre später wird der Brite Ernest Shackleton ihre Beobachtung bestätigen, während er mit der *Endurance* ebenfalls nahe New South Greenland im Eis feststeckt. »Ich entschied, dass Morrell Land auf die lange Liste der antarktischen Inseln und kontinentalen Küsten gesetzt werden muss, die sich in Eisberge aufgelöst haben«, schreibt er am 17. August 1915 und beobachtet kurz darauf eine Fata Morgana. »Das ferne Eispack stapelt sich in hoch aufragenden, barriereartigen Klippen, die sich in blauen Seen und Wassergassen an ihrem Grunde widerspiegeln.« Faszinierende Welten leuchten auf: »Großartige weiße und goldene Städte von orientalischer Erscheinung zeigten sich in kurzen Abständen auf den Spitzen der Klippen.«

Als die drei Deutschen wieder aufbrechen, ist es bereits dunkel. Im Zwielicht verlieren sie ständig die Spuren der Hinfahrt. Schließlich erreichen sie den Lagerplatz der vergangenen Nacht. Kling fürchtet, das Schiff nicht wiederzufinden.

Der 28. Juni ist neblig. In zwei Tagen ist Vollmond, und dann wird es gefährlich, weil das Eis aufgrund der Gezeiten leichter aufreißt und sich damit unkalkulierbar verschiebt. In den alten Spurrinnen steuern sie zurück in Richtung des Schiffs. Während der Fahrt machen die hungrigen Hunde plötzlich Jagd auf drei fette Robben und lassen sich nicht mehr bändigen. Die Expedition verliert eine Stunde, und die Spur lässt sich nicht wiederfinden. Sie steuern ostnordost. Kling will auf diesem Kurs bis zum Packeis fahren. Wenn er von dort aus das Schiff nicht sehen sollte, will er es in Richtung Nordost versuchen. Irgendwann müssten dort zwei markante Eisberge zu sehen sein, die rund fünfzehn Kilometer vom Schiff entfernt sind. Im Nebel geht die Fahrt rasch über das Feldeis voran. Nach drei Kilometern finden sie die Spur wieder.

Als es dunkel wird, klart der Nebel auf. Im schwachen Mondlicht beschließen sie: Nur weiter!»Lautlos gleiten wir dahin, als steuerten wir Walhall entgegen«, sinniert Kling.»Ringsum alles still wie das Grab; nur das eintönige Knirschen der Schlitten und Königs Geschrei mit den Hunden unterbrechen die dämonische Stille.« Plötzlich taucht an einem Eisloch ein Wal auf und prustet eine Dampffontäne zum Himmel. Im schwachen Licht lässt sich der Kompass kaum noch erkennen. Kling orientiert sich am Mond, später an den Planeten.»Der Jupiter ist mir einmal von einem Astrologen als mein Glücksstern bezeichnet worden; ich sehe daher unwillkürlich ehrfurchtsvoll zu ihm hinauf mit der Bitte, dass er uns in diesen Stunden der Ungewissheit nicht verlassen möchte.«

Dann stehen sie vor einem großen Wasserloch, das zwei Kilometer breit und nur von einer faustdicken Eisdecke überzogen ist. Das gefährlichste Hindernis der Reise. König sucht auf Schneeschuhen nach einem Übergang. Als er ein Zeichen gibt, tasten sie sich langsam vorwärts, auch die Hunde strecken bei jedem Schritt ihre Pfoten voraus. In der Mitte zeigen sich auf einmal feine Risse. Unter jedem Schritt biegt sich das Eis, Wasser quillt hervor und rinnt auf die dunkle, glasartige Eisdecke. Als sie endlich festen Grund unter sich spüren, atmen sie auf. Bald erreichen sie Packeis, auf dem das Laufen wieder schwieriger wird. Um halb neun bocken die müden Hunde. Die Männer bauen das Lager auf. Vierunddreißig Kilometer haben sie an diesem Tag geschafft!

Der 29. Juni ist ein schöner, klarer Morgen. Als Alfred Kling auf einen Eishügel steigt, sieht er am Horizont einen Schiffsmast. Doch er erzählt zunächst nichts, vor Tagen haben sich alle drei Gefährten von Luftspiegelungen täuschen lassen. Durch den Feldstecher erkennen sie die *Deutschland*, schätzungsweise sechzehn Kilometer entfernt. Vielleicht schaffen sie es heute an Bord.

Wenig später stehen die Männer erneut vor einem riesigen Eisloch. Nirgends ist ein Übergang auszumachen. Da hören sie Rufe. Von der anderen Seite winken die Kameraden und können doch vorerst nicht helfen. Die drei Gefährten müssen noch ein letztes Mal auf dem Eis kampieren. Zur Feier der nahenden Heimkehr kochen sie eine Erbswurstsuppe mit einer halben Büchse Corned Beef.»Ich wüsste mich nicht zu entsinnen, dass mir jemals das Essen so gut geschmeckt hätte«, notiert Kling.

Nachts hören sie das Eis krachen und nehmen an, dass sich das Eisloch zuschiebt. Am Morgen zeigt sich aber, dass in dessen Mitte noch immer offenes Wasser steht. Schließlich tauchen die Kameraden auf und bringen die Abenteurer, ihre Hunde und die Schlitten mit einem Boot nacheinander zur anderen Seite. Am Schiff brennt hoch am Mast eine Laterne. Sie erfahren, wie sehr die *Deutschland* im Zickzack hin und her getrieben ist, erst nach Südwesten, dann nach Nordwesten und zwischenzeitlich zurück nach Osten. In der Kajüte kommt ihnen alles so seltsam und fremd vor, als hätten sie jahrelang in der Wildnis gelebt. Ihre Pelze fühlen sich an wie Eisenpanzer, und die Fingerspitzen schmerzen. Fünf Tage nach seinem Geburtstag feiert Alfred Kling noch einmal mit Wein, Musik und Gesang. Alle singen. Nur Filchner liegt an Herzkrämpfen leidend in seiner Koje.

SÜDAMERIKA

Patagonien

Magellanstraß

Feuerland

Kap Hoorn

 *PEPYS ISLAND*

Falklandinseln

Staateninsel

PEPYS ISLAND · SÜDATLANTIK

Position 47. südlicher Breitengrad

Größe unklar

Sichtungen 1683

Karten unklar

Ende 1683 verirrt sich der Brite William Ambrose Cowley im Südatlantik. Er ist ein Bukanier, ein Bruder der Küste. Franzosen, Holländer und Spanier sehen in ihm nichts anderes als einen Piraten. Aber Cowley ist mehr: Er besitzt ein eigenes Schiff, eine Mannschaft und zählt selbst Politiker in London zu seinen Freunden. Für England sind die Bukanier billige Söldner, mit deren Hilfe die Schiffe rivalisierender Nationen überfallen werden. Längst hat das Königshaus die Kaperschiffe legalisiert und beteiligt sie an der Beute. Ihre Basis haben die Bukanier in Port Royal auf Jamaika. Von dort aus plündern sie die Küstenstädte der Karibik.

Cowleys *Bachelor-Delight* ist mit vierzig Kanonen ausgerüstet. Als sie den 47. Breitengrad Richtung Südwest entlangsegelt, entdeckt Cowley eine unbekannte und unbewohnte Insel. Er nennt sie Pepys Island, nach seinem Freund, dem Sekretär der Admiralität Samuel Pepys. »Es ist ein guter Ort für Frischwasser und Zunder. Sein Hafen ist ausgezeichnet mit sicherem Ankerplatz für tausend Schiffe. Wir sahen eine enorme Zahl an Vögeln auf der Insel, und wir glauben, dass es reichen Fischbestand an den Küsten gibt, denn der Grund ist aus Sand und Kies«, notiert er im Logbuch. Von Pepys aus könnten die Bukanier perfekt die Seestraßen im Süden Amerikas kontrollieren und Überfälle auf die Küstenstädte durchführen. So schnell würde sie niemand auf diesem abgelegenen Eiland auftreiben.

Im Januar 1684 ergänzt Cowley im Logbuch: »In diesem Monat erreichten wir Breitengrad 47° 40' Süd und bemerkten mit dem Wind aus Ostnordost westlich eine Insel. Wir fuhren in ihre Richtung, aber da es sehr spät war, um sich der Küste zu nähern, verbrachten wir die Nacht vor dem Kap. Die Insel hatte einen angenehmen Aspekt: Es gab Wälder, man könnte sogar sagen, dass sie völlig bewaldet war. Im Osten der Insel war ein Fels, auf dem es eine große Anzahl von Vögeln gab, die so groß wie Enten sind. Als unser Schiff daran vorbeisegelte, jagte und tötete unsere Crew so viele, wie wir als Lebensmittel brauchten: Sie sind ziemlich lecker, aber durch fischigen Geschmack leicht versaut.« Am Nachmittag sah er eine weitere Insel, die er für eine der Sebaldes hielt, wie zu dieser Zeit einige der westlichen Falklandinseln genannt wurden. Cowley fertigte auch eine Skizze der Inseln und der Meerenge an.

1764 sollen Patrick Mouat und John Byron im geheimen Auftrag der britischen Regierung die Region kartieren und nach der Insel suchen. Von Rio de Janeiro aus segeln sie ostwärts den 47. Breitengrad entlang. In der Nähe müssten auch die → Aurora-Inseln liegen. Des Weiteren berichtet ein Botaniker, dass einmal vom Ausguck etwas Inselähnliches erblickt worden sei. Beim Näherkommen sei die Insel jedoch nicht größer geworden.

Als Mouat und Byron das Eiland nicht ausmachen können, steuern sie die Falklandinseln an, die drei Grad weiter südlich von Pepys Island liegen. Dort stellen sie fest, dass Cowleys Skizze in etlichen Details mit den Falklandinseln übereinstimmt, einschließlich der eingezeichneten Meerenge. So hatte der Bukanier schon die Inseln entdeckt, die von Großbritannien bis heute, notfalls auch militärisch, verteidigt werden.

Isle Royal

PHÉLIPEAUX

Apostle Islands

90°   89°   88°

PHÉLIPEAUX UND PONTCHARTRAIN
OBERER SEE

[PHILIPPAUX]

Position **unbekannt**
Größe **unklar**
Sichtungen **unklar**
Karten **Bellin (1744), Mitchell (1755)**

49°

Maurepas-Insel

PONTCHARTRAIN

48°

Hoquart-Insel

St.-Anne-Insel

47°

m Sommer 1782 treffen die Unterhändler der USA in Frankreich ein. Die Männer um Benjamin Franklin wollen den Unabhängigkeitskrieg gegen das britische Mutterland beenden und die Grenzen in Nordamerika festlegen. Es sind schwierige Verhandlungen. Nur wenige Weiße haben die Wälder, Seen und Flüsse in dieser Gegend erkundet, kaum eine Region ist abgeschiedener als jene an den Großen Seen. Hin und wieder jagen dort Fellhändler aus Montreal oder von der Hudson Bay. Immer wieder beugen sich die Unterhändler über die Mitchell-Karte, die zwei Meter breit und 1,40 Meter hoch und in vielen Details bestechend präzise ist. John Mitchell, der eigentlich Arzt war, hatte 1755 das östliche Nordamerika kartiert.

In Paris wird über Fischereirechte, Ausgleichszahlungen und die Rückgabe von enteignetem Landbesitz gestritten. Es dauert Monate, bis man sich auf die Details der Grenze zwischen den USA und den britischen Kolonien in Kanada einigen kann. Im Oberen See soll die Grenze fortan zwischen drei Inseln verlaufen: Die Isle Royal und das mutmaßlich rohstofffreiche Phélipeaux gehören künftig zu den USA, die Insel Pontchartrain hingegen zur britischen Kolonie Kanada. In Kapitel IV des Friedensvertrages heißt es über den nordwestlichen Grenzverlauf:»durch den Oberen See nordwärts der Inseln Royal & Phelipeaux zum Long Lake; von dort durch die Mitte des besagten Long Lake, zwischen ihm & dem Lake of the Woods zum besagten Lake of the Woods; von dort durch den besagten See zu dessen nordwestlichstem Punkt.« Am 3. September 1783 wird der Vertrag geschlossen. Als Vertreter des britischen Königs George III. setzt David Hartley d. J. seinen Namen unter das Dokument *Frieden von Paris*. Für Amerika unterzeichnen Benjamin Franklin, John Adams und John Jay. Damit ist der Amerikanische Unabhängigkeitskrieg beendet, und die USA sind endlich ein souveräner Staat.

Anfang des 19. Jahrhunderts erkundet eine US-amerikanische Kommission die letzten unbekannten Strecken der Grenze, die Wälder und Täler. General Porter fasst nüchtern zusammen: »total wild & unbewohntes Land, es bietet keinen Komfort oder auch nur ein Auskommen für Personen, die in diesem Dienst engagiert sind. Und das Klima ist so kalt und unwirtlich, dass nur während einer kurzen Zeit des Jahres aktive Tätigkeiten ausgeübt werden können.« Von Phélipeaux berichtet er nichts.

Im Februar 1824 legt in Albany im Bundesstaat New York ein Gremium die Grenzen abschließend fest. Es wird von dreizehn Flüssen berichtet, die an der nördlichen Küste des Oberen Sees münden, was aber noch genauer erforscht werden müsse. Schon jetzt sei jedoch klar, dass sich etliche Referenzpunkte des Friedensvertrages als falsch oder zumindest fraglich erwiesen hätten. Fest stehe, dass die Insel Phélipeaux nicht existiere. Die Kanadier werden später ebenso vergeblich nach der Insel Pontchartrain suchen.

Mit der Zeit stellt sich heraus, dass sich der Kartograf John Mitchell an früheren französischen Aufzeichnungen orientiert hatte. Die Inseln standen ursprünglich auf einer Karte des Pariser Geografen Jacques-Nicolas Bellin von 1744. Während die Isle Royal tatsächlich existiert, hatte Bellin die Inseln Phélipeaux und Pontchartrain schlicht erfunden – zu Ehren seines Gönners: Louis II. Phélypeaux de Pontchartrain.

RUPES NIGRA · ARKTISCHES MEER

Position 90° 0' Nord

Größe 53 km breit

Sichtungen unklar

Karten Gerhard Mercator (1598)

ASIEN

RUPES NIGRA

Nowaja Semlja

Willoughby's Land

GRÖNLAND

LAPPLAND

220° 200° 180° 170°

240°

260°

280°

300°

320°

340°

360° 20° 40° 60°

Mitte des 14. Jahrhunderts eroberte ein Heer des britischen Königs Artur die Inseln nördlich von Norwegen. Dort ging die Sonne monatelang kaum auf. Kalt war es und düster. Die Berge ragten bis in die Wolken. Zwischen den Inseln strömte das Wasser in Richtung Nordpol. So stark waren die Strömungen, dass kein Schiff dagegen ansegeln konnte, selbst nicht mithilfe eines heftigen Sturmes. Fast viertausend Personen wagten sich auf die Strömungen und kehrten nie zurück. Nur ein Mal schafften es acht Menschen, der irren Strömung zu entkommen und an den Hof des Königs von Norwegen zu gelangen. Unter ihnen war ein Priester aus Oxford, der diese Geschichte in seinem Buch *Inventio Fortunata* erzählte. Tatsächlich aber lebte zu jener Zeit nicht einmal ein König Artur.

Kein Kartenmacher arbeitet präziser und studiert mehr Berichte als der in Duisburg lebende Gerhard Mercator. Um eine Polarkarte anzulegen, liest er Mitte des 16. Jahrhunderts die *Inventio Fortunata* sowie den Reisebericht *Res gestae Arturi britanni* des Jacobus Cnoyen von Herzogenbusch; beide Werke gehen bald darauf verloren. In der Arktischen See, führt Mercator aus, lägen seinen Recherchen zufolge vier große Inseln ringförmig um den Nordpol. In ihrer Mitte tobe ein gewaltiger Strudel. Dort rausche das Wasser immerzu im Kreis, ehe es ins Erdinnere ströme. Nur direkt auf dem Pol liege ein kahler Felsen in der Mitte des Meeres. Diese Insel bezeichnet er als Rupes nigra, Schwarzer Fels. »Sein Umfang ist fast 33 französische Meilen, und er besteht aus Magnetstein«, hält Mercator in einem Brief fest. Bis in die Wolken erhebt sich das Eiland, schwarz und glänzend. »Und nichts wächst auf ihm, denn es ist nicht mehr als eine Handvoll Erde darauf.«

Seitdem im 12. Jahrhundert der Kompass erfunden worden ist, mutmaßen Geografen, dass es einen solchen magnetischen Berg geben müsse. In seiner Nähe sollen sich sogar Eisennägel aus den Schiffsplanken lösen. Martin Behaim präsentiert auf seinem Globus von 1492 zwar noch keinen Magnetberg, aber erstmals sind zwei Inseln westlich des Nordpols dargestellt. Im Osten formen Nordeuropa und Asien einen Halbkreis. Wenig später, im Jahr 1508, präsentiert Johannes Ruysch auf seiner Weltkarte vier Inseln und berichtet, dass das einströmende Wasser in einem gewaltigen Strudel ins Innere der Erde gezogen werde.

Von einer Weltquelle, Hvergelmir genannt, hatten schon die nordischen Legenden erzählt. Es heißt, das Wasser ströme durch unterirdische Kanäle ein und aus – an den Küsten sichtbar als Ebbe und Flut. »Und nicht weit von der Küste, von der ich zuvor sprach, im Westen, wo sich das Meer grenzenlos erstreckt, ist dieser sehr tiefe Gewässerschlund, den wir gemeinhin des Ozeans Nabel nennen«, hatte Paulus Warnefridi im 8. Jahrhundert festgehalten. Von dem Strudel wird behauptet, dass die Schiffe so stark angezogen würden, als flögen sie wie Pfeile durch die Luft. Erst im letzten Moment würden sie durch eine plötzlich aufbrausende Flut wieder zurückgeschleudert.

Gerhard Mercator sammelt all dieses Wissen. Während Rupes nigra noch im 16. Jahrhundert endgültig von den Karten verschwindet, hält sich die Theorie eines gewaltigen Strudels. Noch im 19. Jahrhundert glauben Forscher und Seefahrer deshalb an ein eisfreies Nordpolarmeer.

TRIVIA

Der Satiriker Jonathan Swift ließ sich von der Geschichte des Magnetbergs inspirieren. »Der Leser wird sich jedoch schwerlich mein Erstaunen denken können, als ich eine von Menschen bewohnte Insel erblickte, die, wie es schien, imstande waren, diese sich senken oder steigen oder in gerader Richtung fortbewegen zu lassen«, berichtet Lemuel Gulliver, der Held aus Swifts Werk *Gullivers Reisen*, veröffentlicht 1726. Die Insel namens Laputa ist kreisförmig. In der Mitte steckt ein gewaltiger Magnet, durch dessen Kraft die Insel bewegt wird. Doch die Insel ist alles andere als ein Paradies. Die Laputier befänden sich in fortwährender Unruhe, berichtet Gulliver, sodass sich ihr Geist kaum eine Minute lang in Behaglichkeit fühle. Sie redeten pausenlos, ohne einander zu verstehen.

SANDY ISLAND
ÖSTLICHES KORALLENMEER, PAZIFIK

[ÎLE DE SABLE, SABLE ISLAND]

Position 19° 13' 6,4" Süd, 159° 55' 23,4" Ost

Größe 120 km²

Sichtungen 1876

Karten u. a. *National Geographic*, Google Earth

SANDY ISLAND

20°

Minerva Sh.

Bellona Sh.

Fairway R.

NEUKALEDONIEN

South Bellona R.

Cook Reefs

French Reefs

160°

Welch ein Albtraum, wenn das Schiff jetzt auf ein Riff liefe! Oder auf eine Untiefe. Es wäre eine Havarie mitten im östlichen Korallenmeer, Hunderte Kilometer fern der nächsten Insel Neukaledoniens. 1100 Kilometer nordöstlich vom Heimathafen Brisbane in Australien. Doch von Bord der *Southern Surveyor* aus ist seit Stunden bis zum Horizont nichts als Meer zu sehen. Den Messgeräten zufolge droht hier keine Gefahr: Das Meer ist 1300 Meter tief, nichts deutet auf eine Untiefe, schon gar nicht auf eine Insel hin.

Trotzdem ist Kapitän Fred Stein so nervös wie selten in seinem Leben. In den Wetterkarten, auf die er sich verlässt, ist in dieser Region eine Insel vermerkt. Ebenso in den Karten der National Geographic Society und sogar auf Google Earth. Dort liegt auf Position 19° 14' Süd, 159° 56' Ost ein verpixelter schwarzer Balken wie eine Barriere im Meer: eine Insel namens Sandy Island, mit einer Länge von 24 Kilometern und einer Breite von fünf Kilometern. Falls es sie wirklich gibt, woran der Kapitän kaum zweifelt, dann wäre sie fast doppelt so groß wie Manhattan. Ein Eiland, das man eigentlich nicht übersehen sollte.

Stein drosselt die Geschwindigkeit. Meter für Meter pflügt sich das Forschungsschiff durch das Meer. Vorne am Bug beobachten mehr als zwanzig Wissenschaftler das Wasser. Alle sind an Deck beordert worden. Sie schauen gebannt, ob nicht zumindest Meeresgrund sichtbar wird. Oder Wellen, die sich brechen. Das würde auf ein gefährliches Riff hinweisen, das nur knapp unter der Meeresoberfläche lauert.

Es ist Mitte November 2012, seit knapp drei Wochen erkunden die Wissenschaftler der University of Sydney das östliche Korallenmeer. Die Expedition wird von Maria Seton geleitet, einer 33-jährigen Marinegeologin. Ihre Aufgabe besteht darin, die geologische Geschichte des Fünften Kontinents zu erkunden. In der Erdurzeit hatten Australien,

Indien, Afrika, Südamerika, Madagaskar, die Arabische Halbinsel und die Antarktis die gigantische Landmasse Gondwana geformt. Nach und nach war sie in Stücke gebrochen. Zuletzt hatten sich vor fünfundvierzig Millionen Jahren Australien und die Antarktis getrennt. Um den äußersten östlichen Rand der australischen Platte zu erforschen, kartieren sie 14 000 Quadratmeter Meeresgrund und sammeln fast zweihundert Gesteinsproben.

Täglich hat Maria Seton den Kurs der *Southern Surveyor* auf den Navigationskarten verfolgt. Hin und wieder lässt sie den Kurs leicht korrigieren. Am Nachmittag des 13. November sah die Forscherin in den Karten eine Insel namens Sandy Island. Auf einigen Karten ist sie eingetragen, auf anderen jedoch nicht. Zu sehen ist sie auf den Wetterkarten des Kapitäns und im *Times Atlas of the World*, einem Standardwerk, das laufend von rund fünfzig Kartografen auf dem aktuellen Stand gehalten wird. Andere Navigationskarten geben hingegen an, dass das Meer in dieser Region überall zwischen 1300 und 1400 Meter tief ist. Was stimmt also? Es wäre ein geologisches Wunder, wenn die Insel gewissermaßen auf einer steilen Zinne, die vom Meeresgrund aufragt, thronte.

Am 15. November nähert sich die *Southern Surveyor* den Koordinaten von Sandy Island. Nun sollen alle Forscher vom Bug aus das Meer beobachten, weil die Insel nur wenige Meter unter der Oberfläche liegen könnte. Möglicherweise drohen steinharte Kalkriffe. Davon existieren im östlichen Korallenmeer einige, beispielsweise rund um die Chesterfield Islands, ein unbewohnter Archipel in französischen Gewässern. Dieser zählt ein Dutzend Inseln und Hunderte Riffe, die sich über eine Fläche von 70 mal 120 Kilometern verteilen. Allerdings bilden alle Inseln zusammen nicht mehr als zehn Quadratkilometer trockenes Land.

Der Kapitän fürchtet den Abstecher. Aller Wahrscheinlichkeit nach existieren zwar etliche eingezeichnete Riffe, Felsen und Inseln im Westpazifik nicht, viele von ihnen liegen jedoch in den Regionen östlich von Neuseeland: das Wachusett Riff etwa, der Ernest Legouvé Rock, die Jupiter Breakers und das ↬ Maria-Theresia-Riff. Solange ihr Dasein nicht zweifelsfrei widerlegt ist, bleiben sie sicherheitshalber in den Karten.

Jetzt erreicht die *Southern Surveyor* die Koordinaten von Sandy Island. Die Wissenschaftler verfolgen auf einem Bildschirm, wie das Schiff durch die schwarzen Pixel fährt, die bei Google Earth angezeigt werden. Einige kichern, andere grinsen und wissen, sie haben eine Nichtexistenz bewiesen. Einer meint gar, dass sie die Welt verändert haben. Ein wenig jedenfalls. Eine Korrektur in den Karten.

Am 21. November 2012 landet die *Southern Surveyor* sicher im Hafen von Brisbane. Kurz darauf berichtet Maria Seton australischen Reportern von ihrer Nichtentdeckung im östlichen Korallenmeer. Die Nachricht geht um die Welt, als wäre Neuland gesichtet worden.

Es dauert einige Wochen, bevor bekannt wird, dass längst bekannt sein müsste, dass Sandy Island nicht existiert: Im Jahr 2000 reisten Amateurfunker zu den Chesterfield Islands, die knapp hundert Kilometer von Sandy Island entfernt liegen. Sie wollten einen Rekord aufstellen und von der abgelegensten Insel der Welt einen Funkspruch senden. Auf einer Karte entdeckten sie zufällig Sandy Island. Die Insel schien für ihren Test perfekt zu sein. Doch sie suchten vergeblich und erwähnten dies im Bericht ihrer Expedition. Aber der kartografische Beifang ihrer Reise wurde von niemandem wahrgenommen.

Im November 2012 löscht Google die Insel aus seinen Karten. Anfang 2013 ist noch immer unklar, wer einst Sandy Island in die Welt gesetzt hat und wie das Eiland in renommierte Atlanten aufgenommen werden konnte. Es liegt in französischen Hoheitsgewässern. Doch Frankreich selbst listet die Insel nicht als offizielles Territorium und hatte sie bereits vor Jahren von den französischen Seekarten getilgt. Ab 2000 erscheint das Eiland auf australischen Navigationskarten. Eine Quelle hierfür ist das Kartenmaterial des US-Geheimdienstes CIA. Während ein Experte von einer Verschwörung und Atomversuchen fantasiert, hält ein anderer eine absurde Panne für möglich: Die Insel, meint er, sei entstanden, als man alte Karten digitalisiert habe. Dabei sei eine Fliege zwischen Karte und Scanner zerquetscht worden, weshalb die Insel wie ein schwarzes Loch aussehe.

Im Sommer 2013 deckt Shaun Higgins das Rätsel um Sandy Island auf. Higgins arbeitet als Bibliothekar am Auckland War Memorial Museum in Neuseeland. Im Archiv findet er einen alten Eintrag: Sandy Island ist erstmals auf einer Karte der britischen Admiralität von 1908 aufgetaucht. Sie ist als gepunktetes zigarrenförmiges Eiland eingetragen, wobei die Punkte die Zweifel der Kartografen andeuten. Am Rande der Karte ist zudem notiert: »Vorsicht ist angebracht, wenn man zwischen den flachen Inseln des Pazifiks navigiert. Die Details wurden aus den Reisen verschiedenster Vermesser über lange Jahre hinweg zusammengetragen. Die relative Position vieler Gefahren könnte daher vielleicht nicht exakt wiedergegeben werden, und es ist möglich, dass es noch unentdeckte Inseln gibt.« Genaueres lässt sich nicht rekonstruieren.

Als Higgins seinen Fund im Museumsblog veröffentlicht, erfährt er weitere Details. Ein Leser schreibt ihm, im *Australia Directory* von 1879 stehe, der Kapitän des Walfängers *Velocity* berichte von zwei hydrografischen Entdeckungen: von »großen Brandungswellen« und »sandi-

gen Inselchen«, *sandy islands*, die sich von Norden nach Süden er-
streckten. Vermutlich wollte der Kapitän vor einer gefährlichen Stelle
warnen, die er selbst nicht näher zu inspizieren wagte.

Vielleicht hatte der Kapitän der *Velocity* auch geglaubt, eine Insel
zu sehen, die knapp hundert Jahre zuvor von dem französischen Seefahrer Joseph Bruny d'Entrecasteaux entdeckt worden war: Zwischen
dem 28. Juni und dem 1. Juli 1792 hatte der Franzose mehrere Inseln
im östlichen Korallenmeer gesichtet, eine davon nannte er Île de Sable.
Heute wird sie in einer Inselgruppe vor der Nordwestspitze Neukaledoniens verortet. In diesem Falle hätte der Kapitän der *Velocity* seine
Position um einige Hundert Kilometer falsch bestimmt.

345°　　　350°　　　355°　　　360°

Azoren

SANKT-BRENDAN-INSELN · ATLANTIK

Position Kanaren

Größe unklar

Sichtungen um 530, 1719, 1721, 1759

Karten Ebstorfer Weltkarte (1235),
Dulcert (1339), Behaim (1492)

Porto Santo

Madeira

35°

30°

Kanarische Inseln

*SANKT-BRENDAN-
INSELN*

La Palma　　*Teneriffa*

El Hierro

Gran Canaria　　*Fuerteventura*

25°

AFRIKA

20°

Kapverdische Inseln

Vierzig Tage lang fastet der irische Abt Brendan, bevor er sich mit vierzehn Mönchen hinaus auf den Atlantik wagt, um nach der legendären Insel der Seligen zu suchen. Ihr Boot besteht aus Holz, das mit Ochsenhaut bespannt ist. Nach vierzig Tagen auf See erblicken sie eine erste Insel. Sie ist so schroff und felsig, dass sie drei Tage lang nach einem Ankerplatz Ausschau halten müssen. An Land entdecken sie eine große Halle mit einem gedeckten Tisch. Niemand solle sich von Satan verführen lassen und stehlen, mahnt Brendan. Doch einer der Mönche stielt, und so kann kein Gebet ihn mehr erretten. Seine Seele wird von den Engeln des Lichts empfangen.

Brendan und seine Mönche reisen weiter, von einer Insel zur nächsten. Einmal sehen sie riesige weiße Schafe, ein anderes Mal trinken sie aus einer Zauberquelle. Einige fallen in einen Schlaf von drei Tagen und drei Nächten. Auf der weiteren Insel steht ein Baum voller weißer Vögel. Einer fliegt herab und teilt Brendan mit, dass sie noch sieben Jahre zum Gelobten Land der Heiligen brauchen werden.

Später erreichen sie eine Insel, die mit purpurnen Früchten übersät ist. Anderswo duftet die Luft nach Granatäpfeln. Einmal sehen sie eine Schmiede und dichten Rauch und hören gewaltige Hammerschläge. Auf einer anderen Insel entzünden sie mit Treibholz ein Feuer. Als das Eiland plötzlich versinkt, flüchten sie auf ihr Schiff und erkennen, dass die Insel in Wahrheit ein Wal war.

Sie segeln von Eiland zu Eiland. Der Erzählung nach gerinnt einmal das Meer, ein anderes Mal kocht es, und dann herrscht wochenlang Windstille. Plötzlich greift ein Ungeheuer an und will die Mönche verschlingen. Sie beten, bis ein feuerspeiender Drache erscheint und das Ungeheuer in drei Teile zerschlägt. Später stürzt ein Greif auf sie herab. Wieder schickt Gott einen rettenden Vogel. Von Himmelsboten erfahren sie, auf welcher Insel sie jeweils Ostern, Pfingsten und Weihnachten verbringen sollen. Einmal sehen sie den Verräter Judas auf einem Felsen sitzen. Anderswo lernen sie einen Eremiten kennen, der sich von Fischen ernährt und Wasser aus einem Bach trinkt, der nur sonntags fließt. Er wartet auf den Tag seines Gerichtes und segnet Brendan. Schließlich segeln sie vierzig Tage lang ostwärts. Zuletzt umhüllt dichter Nebel die Insel ihrer Sehnsüchte. An der Küste werden sie von einem Jüngling umarmt und erfahren, dass sie angekommen sind. Gott hüte seine Geheimnisse im großen Ozean, sagt er. Nur kurz bleiben sie, sammeln Früchte und Edelsteine. Und kehren zurück in ihre Heimat.

Abt Brendan lebte tatsächlich. Er wurde um 480 n. Chr. im Südwesten Irlands geboren, erhielt seine Priesterweihe im Jahr 512, sammelte Gefolgsleute und gründete mit ihnen ein Kloster. Er reiste zu den Hebriden, nach Wales, in die Bretagne, auf die Orkney- und die Färöer-Inseln. Von Brendan dem Reisenden heißt es, er habe das Land der Verheißung gesucht. Die Geschichte seiner Fahrt erscheint Anfang des 9. Jahrhunderts. Mit der Zeit entstehen mehr als 120 verschiedene lateinische Manuskripte, ferner irische, flämische, katalanische, deutsche, französische, norwegische und anglonormannische Fassungen.

Erstmals sind Brendans Inseln auf einer Weltkarte von 1235 zu sehen, die als Altarbild das Benediktinerkloster im niedersächsischen Ebstorf schmückt. Die Karte ist rund und zeigt ein Labyrinth aus Flüssen, Städten, Meeren, Tieren und Bibelszenen. In ihrer Mitte ist Jerusalem eingetragen. Am äußersten Rand findet sich neben einem Eiland die Inschrift: *Insula, perdita hanc invenit Sanctus Brandanus a qua cum navigasset a nullo hominum a postea a inventa*, zu Deutsch: *die Verlorene Insel, dies ist das Eiland, das Sankt Brendan sichtete und das kein Mensch nach ihm wieder sah.* Es wird an jener Stelle verzeichnet, wo das Atlasgebirge an den Atlantik grenzt – ungefähr auf Höhe der heutigen Kanaren. Als Urheber der Karte gilt Gervasius von Tilbury, der Propst zu Ebstorf.

Tilbury verfasst auch das Kompendium *Otia imperialia*. Zu dessen Quellen zählt das Werk *De imagine mundi* des Honorius von Regensburg, eine geografische Enzyklopädie, die um das Jahr 1100 entstand. Honorius berichtete von der Insel der Gorgonen, den Hesperiden, der Insel Perdita und der Verlorenen Insel. Der Legende nach könne Perdita nicht durch planmäßige Suche, sondern nur zufällig gefunden werden. Dieses Paradies »übertraf alle umliegenden Länder in der Lieblichkeit und der Fruchtbarkeit aller dort zu findenden Dinge«, schrieb er.

Anfang des 14. Jahrhunderts siedeln Europäer auf den Kanaren, die damit den Zauber des Unbekannten verlieren. Auf der Karte Angelinus Dulcerts von 1339 wandern die Sankt-Brendan-Inseln in Richtung Nordwesten. Sie heißen Canaria, Insula de Caprara und Coruimaris und tragen als Sammelnamen: Insulle Sct Brandani siue puelarum, Inseln von Sankt Brendan. Heute handelt es sich bei den Inseln um den Archipel Madeira. Fortan verschieben sich Brendans Inseln auf den Seekarten immer weiter nach Westen, zur jeweils äußersten Grenze der bekannten Welt.

Dennoch suchen Expeditionen weiterhin vor Westafrika nach ihnen. Es werden sogar Listen mit Augenzeugen erstellt. Er habe sich seit Langem gewünscht, die Insel San Borodon einmal zu erblicken, schreibt 1759 ein Franziskaner in einem Brief. Von La Palma aus habe er am 3. Mai um sechs Uhr morgens bei klarer Sicht nicht nur die Insel El Hierro erkannt, sondern noch eine weitere Insel. Durch ein Teleskop erblickte er in dessen Zentrum viel waldiges Terrain. Ungefähr vierzig Zuschauer hätten die Insel neunzig Minuten lang gesehen, aber schon am Nachmittag war sie verschwunden.

Zur Verwirrung tragen die starken Strömungen zwischen den Kanarischen Inseln bei. Der Chronist Viera y Clavijo erzählt im Jahr 1772 in seinen *Noticias* von einem kanarischen Kapitän, der mit seiner Flotte von Amerika zurückkehrte. Er glaubte schon »La Palma zu sehen, und als er danach seinen Kurs in Richtung Teneriffa ausrichtete, war er überrascht, dass sich das wirkliche La Palma am nächsten Morgen plötzlich materialisierte«. Ein ähnlicher Eintrag findet sich in den Tagebüchern des Colonel Don Roberto de Rivas. Er war mit seinem Schiff an einem Nachmittag bereits nahe der Insel La Palma, aber kam dann doch erst spät am nächsten Tag dort an. Wind und Strömungen, schloss er, mussten in der Nacht sehr nachteilig gewesen sein.

Mit der Entdeckung Amerikas flüchten die Inseln auf den Karten in die äußersten westlichen Gebiete des Atlantiks. Schon länger taucht nur noch eine einzige auf: Bereits Abraham Ortelius hatte sie im 16. Jahrhundert als Insel S. Brandani vor der Küste Neufundlands eingetragen, nordwestlich von → Frisland. Nach dreizehn Jahrhunderten strandet sie inmitten einer Gruppe von Inseln tief in der Bonavista Bay vor Neufundland. 1884 wird sie umbenannt in Cottel.

TRIVIA

1976 stellte der Kulturwissenschaftler Timothy Severin die Reise Brendans nach. Mit vier Begleitern segelte er in einem Boot aus Ochsenhaut, das dem Brendans nachempfunden war, über den Atlantik. Er bewies damit, dass Brendan bis nach Amerika gesegelt sein könnte. Damit wäre der irische Kleriker sogar noch vierhundert Jahre vor den Wikingern in der Neuen Welt angekommen.

SAXEMBERG · SÜDLICHER ATLANTIK

[SAXEMBURGH]

Position 30° 45' Süd, 19° 40' West

Größe 19 km lang, 4 km breit

Sichtungen 1670, 1801, 1816

Karten unklar

Im Herbst 1801 segelt Matthew Flinders zum Kap der Guten Hoffnung. »Der Passatwind hat von Ostsüdost wieder zugenommen, es war uns möglich, täglich achtzig bis neunzig Meilen zu schaffen«, schreibt er am Dienstag, dem 29. September 1801, ins Logbuch. Anschließend dreht der Wind von Nordost auf West, sodass sie sich am 29. nur 6° westlich von der Insel Saxemberg befinden, die hin und wieder von Seeleuten, die nach Ostindien reisen, aufgesucht wird. Doch viele Schiffe verfehlen das Eiland. Wahrscheinlich, so mutmaßt Flinders, liege es einige Grad weiter ostwärts als in den Karten verzeichnet. Er würde sich schuldig fühlen, wenn er die Insel nicht suchen würde, und lässt deshalb ostwärts segeln.

Ursprünglich war die Insel 1670 von dem niederländischen Seefahrer John Lindestz Lindeman gesichtet worden. Ihre Position hatte er auf 30° 45' südlicher Breite und 19° 40' westlicher Länge bestimmt. Er fertigte auch eine Zeichnung an, nach der Saxemberg überwiegend flach ist, im Zentrum aber ein spitzer Berg aufragt. Lindeman benannte sie vermutlich nach einem Ort in Norddeutschland.

Am Mittwoch, dem 30. September, sichtet Flinders eine ungewöhnliche Zahl von Pintado-Fischen und Sturmvögeln, auch einen braunen Vogel, der wohl aus der Familie der Seeschwalben stamme. Er habe einen weißen Bauch und sei so groß wie eine Schnepfe. Abends berichten der Ausguck und die Männer an Deck, dass sie eine Schildkröte im Wasser gesehen haben. Es könnten Anzeichen für Land sein, und Flinders hofft, dass bald das verlorene Saxemberg auftaucht.

Schließlich, am Donnerstag, dem 1. Oktober, bestimmt Flinders die Koordinaten auf 30° 34' Süd und 20° 28' West. Er lässt nach Ostsüdost steuern. Der Kurs soll sie fast direkt nach Saxemberg bringen. Zwar segelt das Schiff dann doch ein paar Meilen südlicher, »aber dennoch nah genug an der mutmaßlichen Position, um nun von der Nichtexistenz der Insel ausgehen zu können, falls es noch länger Zweifel geben sollte«.

Zehn Jahre später hört Matthew Flinders von einem Schiffer, der kurz zuvor Saxemberg gesehen haben will. Ein Mister Long, Kommandeur der Schaluppe *Columbus*, ist von Brasilien aus nach Afrika gesegelt. Am 22. September 1809 schrieb Long in sein Logbuch: »17 Uhr, sah die Insel Saxonburg in Richtung Ostsüdosten. Zuerst in 41 Leugen Distanz: klares Wetter. Berechnete Position der besagten Insel und fand sie etwa auf 30° 18' südlicher Breite, 28° 20' westlicher Länge.« Er hatte sich dem Eiland genähert, das etwa vier Leugen lang und zweieinhalb Meilen breit sei. Im nordwestlichen Ende befinde sich ein Steilufer, ferner seien Bäume und ein sandiger Strand zu sehen.

Jetzt glaubt Flinders, so skeptisch er auch zunächst war, doch an Saxemberg. Niemand müsse sich wundern, kommentiert er, dass er die Insel verfehlt habe. Die Position sei so ungenau in den Tabellen festgehalten worden, dass er an jenem 28. September 1801 gut achtzig

Meilen von der Position entfernt gewesen sei, an der Long die Insel gesehen hatte.

Zwischenzeitlich hat auch US-Kapitän Galloway von der *Fanny* aus die Insel gesehen. Etwa 55 Kilometer vom Kurs entfernt, blieb sie sechs Stunden lang in Sicht. In ihrer Mitte erhob sich – wie von Lindeman beschrieben – ein Berg.

Die Existenz Saxembergs wird später noch einmal durch Kapitän J. O. Head von der *True Briton* bestätigt. »Um 8 Uhr, frische Brise aus Nordwest und dunkles, bewölktes Wetter, sahen, was wir für eine Insel halten«, hält er am 9. März 1816 fest. Am südlichen Ende erhebe sich eine hohe Spitze, die nach Norden hin abfalle. Sechs Stunden lang kann er die Insel sehen. Als es später zu regnen beginnt, verlieren sie die Insel aus den Augen. Trotzdem schließen sie, dass es Saxemburgh gewesen sein muss.

Die Beschreibungen Lindemans und Heads sind identisch. Auch die Angaben der Position decken sich. Aber seither hat niemand mehr die Insel gesehen.

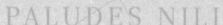

20°
30°
40°
50°

TERRA AUSTRALIS INCOGNITA

TERRA AUSTRALIS INCOGNITA
SÜDLICHE MEERE

AMERIKA

Position südliche Hemisphäre

Größe größer als Asien

Sichtungen Amerigo Vespucci (1503/04),

Pedro de Quirós (1605), Jean-Baptiste Bouvet de Lozier (1739)

Karten Johannes Schöner (1515)

300°

290°   280°   270°   260°   250°

Sie jagen mit Pfeil und Bogen, erlegen Löwen, Leoparden und Biber, denen sie das Fell abziehen, um sich selbst gegen Kälte und Wind zu schützen. Sie benutzen Steinäxte und pflanzen besondere Samen, die so groß wie Bohnen sind. Die Früchte der ausgewachsenen Pflanzen sind scharf wie Pfeffer. In den Savannen dieses Erdteils streifen Vögel mit pelzigen Füßen umher. Riesige Wälder bedecken das Land, Gletscher ragen hoch empor. In den Bergen lebt ein Volk, das nach Gold, Silber und Kupfer gräbt. Weil sie kein Eisen kennen, tragen die Krieger goldene Rüstungen. »Die Menschen auf diesem Gebiet leben üblicherweise bis zu 140 Jahre«, schreibt der Nürnberger Pfarrer und Geograf Johannes Schöner und merkt an, dass der König von Portugal diesen Südkontinent zurzeit erkunden lasse.

Die Landmasse erscheint erstmals auf Schöners Globus von 1515. Sie ist am Südpol platziert und wird als ein großer ringförmiger Kontinent dargestellt, in dessen Mitte sich ein Polarmeer erstreckt. Flüsse ziehen sich durch die Landschaft, es gibt weite Sümpfe und zwei Seen namens *Laco in montaras* und *palus*. Für Schöner ist das Land im Süden ein eigener Erdteil, dessen Name daher in Versalien geschrieben wird: BRASILE REGIO. Er hat das Wissen um die Landmasse der *Copia der newen Zeytung aus Pressilg Land* entnommen, also einer Kopie der *Neuen Zeitung* aus Brasilien, die wohl im Jahr zuvor erschienen war. Weitere Details könnte er den Berichten Amerigo Vespuccis entnommen haben, der zwanzig Meilen an der Küste des Kontinents entlanggesegelt sein will.

Schon in der Antike wird über einen Südkontinent spekuliert. Um 150 n. Chr. behauptet Claudius Ptolemäus, dieses Land grenze südlich an den Indischen Ozean und sei mit Afrika verbunden. Es soll als Gegengewicht zu den Landmassen des Nordens dienen. Alle Kontinente müssten, damit die Erde nicht aus dem Gleichgewicht gerate, gleichmäßig über den Planeten verteilt sein. In seiner *Geographike Hyphegesis* schreibt er von Terra Australis und meint sinngemäß: Dieser von uns bewohnte Teil der Erde ist im Osten mit einem unbekannten Land verbunden, das an die östlichen Strömungen des Größeren Asiens grenzt und im Süden ebenfalls an unbekanntes Land, das die Indische See umschließt. Südlich des Indischen Ozeans muss seinen Worten zufolge noch ein Kontinent existieren.

Im Mittelalter werden seine Vorstellungen von christlichen Denkern übernommen. Da Gottes Schöpfung perfekt sei, müssten auch alle Erdteile in einer überirdischen Symmetrie zueinander stehen. In vielen Karten taucht der Südkontinent fortan auf. Ende des 16. Jahrhunderts nimmt er weite Teile des Südens ein und wird als Terra Australis incognita bezeichnet, das Unbekannte Land im Süden.

1567 erkundet der Seefahrer Alvaro de Mendaña den Pazifik und sieht in Melanesien einen ersten Vorposten des Südkontinentes. Später glaubt der Abenteurer Pedro de Quirós, dass Terra Australis von Neuguinea bis nach Südamerika reicht und so groß wie Europa und Asien zusammen ist. 1605 gründet er auf Espíritu Santo, der größten Insel des Vanuatu-Archipels, eine Mission. Er glaubt, er sei auf einem Vorposten des Südkontinents und will die Wilden zum Christentum bekehren. Bald mündet die Missionierung in Gewalt.

Noch im 18. Jahrhundert findet sich Terra Australis in den Karten. Als Jean-Baptiste Bouvet de Lozier 1739 im Südatlantik die → Bouvetinsel entdeckt, hofft er, endlich einen Vorsprung des unbekannten Kontinents erreicht zu haben.

Nachdem die Briten im Siebenjährigen Krieg von 1756 bis 1763 die Herrschaft über die Meere erlangten, wird James Cook mit der Suche beauftragt: »Es gibt Grund zu glauben, dass ein Kontinent oder Land von großer Ausdehnung im Süden der Route gefunden werden könnte.« Auf zwei Reisen durchkreuzt er weite Teile des Pazifiks. 1775 notiert Cook, dass »eine Suche geendet hat, nach etwas, das die Aufmerksamkeit der Seemächte auf sich gezogen hat für fast zwei Jahrhunderte und die der Geografen aller Zeiten«.

TEUFELSINSEL · ATLANTIK

[SATANAZES, SATANZES, ISLA DE LOS DEMONIOS]

Position westlich der Azoren, nahe Grönland, vor Südamerika
Größe wie die Schweiz, dann immer kleiner
Sichtungen unklar
Karten Zuane Pizzigano (1424), Johannes Ruysch (1508)

Juan

TEUFELSINSEL

Schon in den nordischen Sagen ist die Rede von einer Teufels-insel. Von einer riesigen Hand wird mal erzählt, die plötzlich aus dem Meer auftaucht und nach Schiffen greift. Dann wieder von schaurigen Geräuschen riesiger Ungeheuer, die an schroffen Küsten leben. Sogar Christoph Kolumbus berichtet von merkwürdigen Gestalten, von einäugigen Männern und anderen mit Schnauzen wie Hunde, die Menschen fressen würden. Selbst gesehen hat er sie nicht. Dafür will Henry Hudson 1608 in der Arktis eine Meerjungfrau entdeckt haben, deren Rücken und Brüste wie bei einer Frau geformt waren, ihr Körper so groß wie der menschliche, aber die Haut kalkweiß.

Ursprünglich liegt die Teufelsinsel nahe der europäischen Küste. 1424 zeichnet Zuane Pizzigano westlich von Spanien eine blaue, rechteckige Insel in den Atlantik, daneben notiert er in roter Druckschrift: *ista ixolla dixemo satanazes,* also *diese Insel wurde als Teufelsinsel benannt.* Er brauchte das böse Satanazes als logisches Gegenstück zur guten, katholischen Insel → Antilia.

Wie der Teufel wandelt Satanazes im 16. Jahrhundert ständig Gestalt, Namen und Position. Der Astronom und Geograf Johannes Ruysch zeichnet 1508 eine Art mandelförmige Doppelinsel namens Isla de los Demonios in seine Karte ein. Möglicherweise war er dort auf einer Seereise unterwegs gewesen. Die Doppelinsel liegt in der noch wenig erforschten Region vor Neufundland. Daneben schreibt Ruysch auf der Karte, als hätte er sie selbst gesichtet: »Teufel griffen Schiffe an, die nahe den Inseln segeln.« Waren es kreischende Seevögel?

Auch französische Seefahrer berichten von einer teuflischen Insel in der Nähe Neufundlands. Sie hätten ein unartikuliertes Getöse menschlicher Stimmen gehört und sind sich sicher, dass Dämonen miteinander wetteiferten, wer zuerst die Menschen quälen dürfe. Diese attackierten jedes Schiff und jagten jeden, der so verrückt sei, die Insel zu betreten.

Mitte des 16. Jahrhunderts kursiert schließlich in den Pariser Salons eine merkwürdige Geschichte. Die Adelige Marguerite de La Rocque de Roberval erzählt, sie sei als junges Mädchen auf dem Schiff ihres Onkels Sieur de Roberval mit nach Amerika gereist. Im Auftrag des Königs sollte er in der Neuen Welt die erste französische Kolonie gründen. Sie habe sich unterwegs in einen Matrosen verliebt und sei deshalb mit dem Liebhaber und einer Amme auf einer kargen Insel ausgesetzt worden. Nachts seien dort teuflische Dämonen kreischend durch die Luft geflogen. Der Geliebte sei gestorben, die Amme auch. Nur sie sei von einem Schiff gerettet und zurück nach Frankreich gebracht worden.

Als die Teufelsinsel im Laufe der Zeit langsam von den Karten verschwindet, bricht der französische Botaniker Jean-Baptiste Thibauld de Chanvalon nach Südamerika auf. Vor dessen Küste findet er 1763 ein unbekanntes winziges Eiland. Er tauft es Île du Diable und ahnt nicht, dass sie einmal eine Gefängnisinsel sein wird. Für Alfred Dreyfus, den berühmtesten Gefangenen, entwickelt sich diese Teufelsinsel zur Hölle: Am 13. April 1895 kommt der Franzose auf dem felsigen Eiland an. Er ist als Landesverräter verurteilt und seines militärischen Ranges als Artillerieoffizier enthoben worden. Vier Jahre lang muss er in einer vier Quadratmeter großen Hütte hausen. Er darf nicht mit den Wachen reden, verliert stark an Gewicht, erkrankt mehrmals an Fieber. Als die Regierung in Paris trotz allem seine Flucht fürchtet, wird er nachts ans Bett gefesselt und ein meterhoher Zaun um die Hütte errichtet. Dass Dreyfus unschuldig auf der Teufelsinsel einsitzt, wird erst Jahre später offiziell bestätigt.

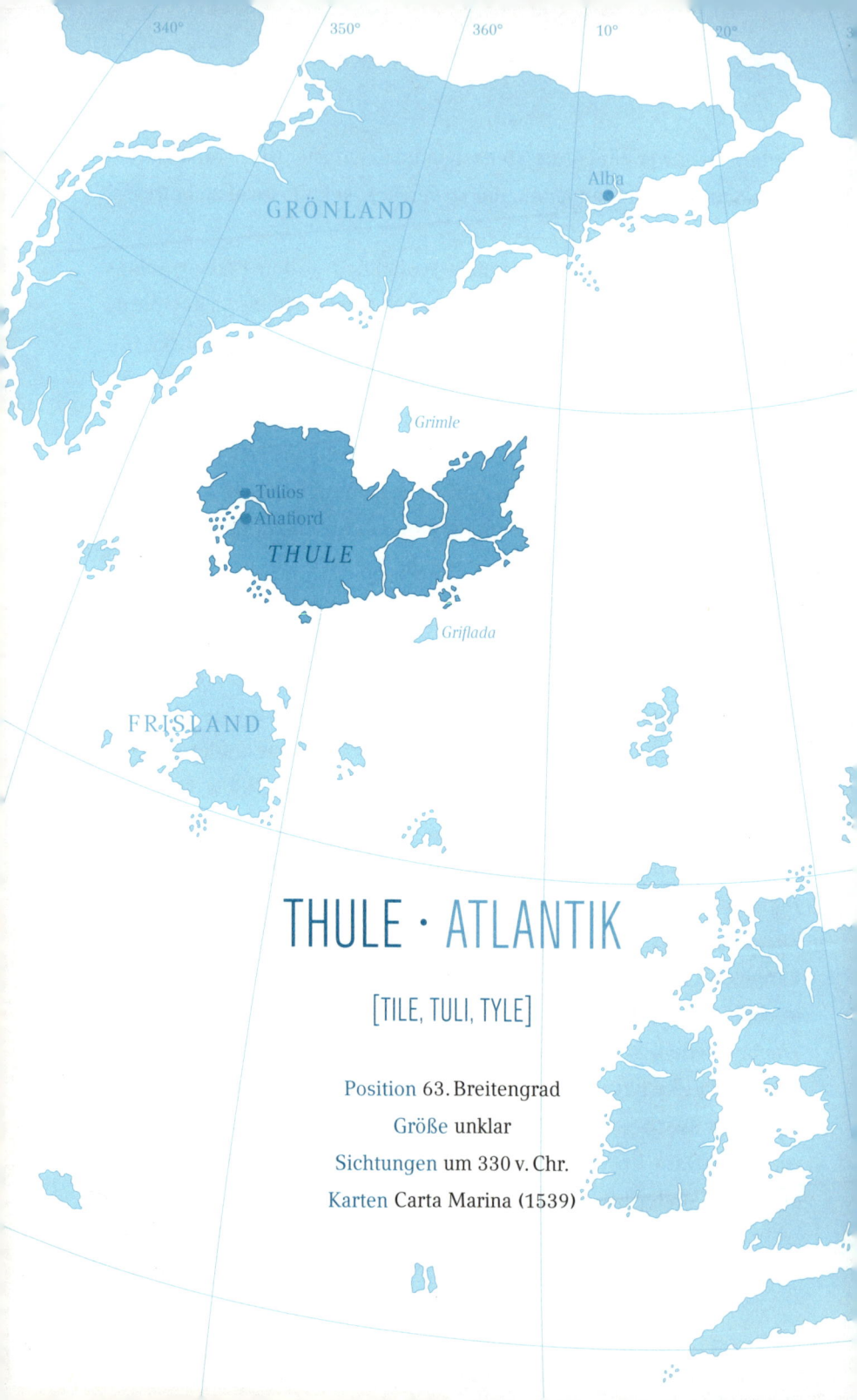

THULE · ATLANTIK

[TILE, TULI, TYLE]

Position 63. Breitengrad
Größe unklar
Sichtungen um 330 v. Chr.
Karten Carta Marina (1539)

Nie zuvor ist Nordeuropa so präzise und korrekt dargestellt worden: 1539 veröffentlicht der schwedische Priester Olaus Magnus seine *Carta Marina*, die *Seekarte und Beschreibung der nordischen Länder und deren Wunder*. Zwölf Jahre lang hat er an diesem Meisterwerk gearbeitet: Von der Barentssee im Norden über Grönland im Westen bis nach Russland im Osten eröffnet sie den Europäern einen ungewöhnlich klaren und farbenfrohen Blick auf den Norden ihres Kontinents. Segelschiffe weisen auf Fischgründe, Handelsrouten oder gewaltige Strudel hin. Im Meer tummeln sich prächtige und skurrile Lebewesen wie Seeschweine, Riesenhummer und Giftschlangen. Norwegen ist als grandios von Fjorden zerschnittene Küste dargestellt. Und zwischen Schottland und Island liegt ein rätselhaftes Eiland namens Tile samt Siedlungen, einem Schloss, Wäldern und Wiesen. Vor Tile schwimmt ein Wal, der gerade von einem Orka gebissen wird.

Die Karte stützt sich auf eine alte Sammlung von geografischen Daten, die mehr als 1200 Jahre zuvor von dem griechischen Gelehrten Claudius Ptolemäus angelegt wurde. Weil das Römische Reich zu seiner Zeit längst unüberschaubar geworden ist, beginnt er um 150 n. Chr., die Koordinaten von siebentausend Siedlungen zusammenzutragen. Seine Daten stammen vorwiegend von militärischen Messtrupps der Römer und Alexanders des Großen. Mithilfe des Sonnenstandes können die Koordinaten bereits auf zehn Kilometer genau berechnet werden. Ptolemäus listet sie in seiner Tabelle *Geographike Hyphegesis* auf. Die Mitte der Insel Thule verortet er auf die Breite von 63 Grad. Und er stützt sich auf Berichte, denen zufolge nördlich von Thule noch skythische Völker leben. Es heißt außerdem, dass römische Expeditionen die Insel erblickt hätten, als sie Britannien umsegelten. Vermutlich handelt es sich bei Ptolemäus' → Thule um eine der Shetlandinseln.

Schon in der Antike muss Thule ein legendärer Ort gewesen sein. Die älteste Erwähnung geht auf einen Reisebericht des griechischen Astronomen Pytheas zurück. Bereits um 330 v. Chr. unternimmt er eine Forschungsreise in den hohen Norden Europas. Von seiner Heimat, der griechischen Kolonie Massalia, dem heutigen Marseille, segelt er zu den Britischen Inseln und setzt im Lederboot nach Irland über, betritt vermutlich auch Orkney und Shetland. Unterwegs führt der Abenteurer außergewöhnlich genaue geografische Messungen durch, befasst sich auch mit der Neigung der Erdachse und beobachtet nicht zuletzt, dass die Gezeiten vom Mond abhängig sind. Noch weiter treibt es den genialen Naturforscher hinaus aufs Meer. Fern der Britischen Inseln entdeckt er einen Ort am äußersten Ende der Welt, den er als Ultima Thule bezeichnet.

Tragischerweise geht sein Reisebericht *Über den Ozean* verloren. Nur in den Werken späterer Autoren werden Fragmente kolportiert, in Strabons *Geographie*, Plinius' *Naturgeschichte* und der *Eisagoge* des Geminos, in dem sich das einzige wörtliche Zitat findet: »in diesen Gegenden die Nacht ganz kurz war«.

Thule liegt den antiken Naturforschern zufolge eine sechstägige Seereise irgendwo nördlich von Britannien. Was wie eine grobe Schätzung klingt, könnte eine präzise Entfernungsangabe sein. Im Mittelmeer war eine Tagesstrecke 156,5 Kilometer lang. Sechs Tage ergäben demnach eine Strecke von rund 940 Kilometern – unabhängig von der Windstärke.

Von den Britischen Inseln aus könnte Pytheas folglich Island erreicht haben. In einem antiken Bericht hieß es, dass die Nächte in Thule zwei bis drei Stunden dauern. Tatsächlich ist es während der Sommersonnenwende im Süden Islands drei Stunden lang dunkel, im

Norden nur zwei Stunden. Und es ist die Rede davon, dass sich eine weitere Tagesreise von Thule entfernt ein »gefrorenes Meer« ausbreite, womit riesige Mengen an Treibeis gemeint sein dürften. Auch das lässt auf Island schließen.

Doch Pytheas traf auch Menschen, die Getreide anbauten und Honig ernteten. Island aber war zu seiner Zeit unbesiedelt. Und in keiner der antiken Quellen, die von seiner Reise erzählen, werden Geysire und Vulkane erwähnt.

Wenn Pytheas nicht strikt nach Norden, sondern nach Nordosten gesegelt sein sollte, wäre er an die Küste Norwegens gekommen. Auf der Insel Smøla und am Trondheimfjord lebten Menschen in Siedlungen und betrieben Ackerbau. An diesem Fjord breiten sich tief liegende, fruchtbare Tonböden aus. Der warme Nordatlantikstrom sorgt für ein mildes, feuchtes Klima.

Wie auf Island sind am Trondheimfjord und auf der Insel Smøla die Tage im Sommer sehr lang. Pytheas musste nur noch wenige Kilometer nördlich entlang der Küste segeln: Dort währte dann die Nacht nur drei Stunden. Möglicherweise sah er als erster Südeuropäer sogar die Mitternachtssonne.

Allerdings berichtet kein antiker Autor, dass Pytheas einen Fjord gesehen habe. Nur von Flüssen wird erzählt. Noch gewichtiger aber ist, dass es an jener Stelle Norwegens kein »geronnenes Meer« gab: Weder heutzutage noch zu den Zeiten des antiken Forschers trieben vor Smøla arktische Eisblöcke im Atlantik. Möglicherweise ist das Bild des geronnenen Meeres, wie so oft in der Literatur, nur eine kunstvolle Wortschöpfung. Sie sollte vielleicht lediglich die Geschichte farbiger und fantasievoller gestalten − so wie der Kartograf Olaus Magnus die Existenz von Seeungeheuern und Monsterkrabben wohl auch nicht wirklich angenommen hat.

TUANAKI · PAZIFIK

[TUANAHE, EVENTUELL AUCH HAYMET-FELSEN]

Position 27° 11' Süd, 160° 13' West
Größe unklar
Sichtungen 1842, 1863, 1874, 1877
Karten unklar

Kapitän J. E. Haymet segelt 1863 mit seinem Schoner *Will Watch* von Neuseeland aus zu den Cookinseln. Plötzlich rammt das Schiff mitten auf dem Ozean einen Felsen. Als Haymet den beschädigten Rumpf seines Schiffs begutachtet, bemerkt er weiter südlich einen zweiten Felsen im Meer. Ohnehin ist der Grund kaum zwei Meter tief. Er bestimmt die Koordinaten der Untiefe auf 27° 11' Süd, 160° 13' West. Schon bald wird gerätselt, ob die Felsen ein Überbleibsel der legendären Insel Tuanaki sind.

Seit Langem erzählen sich die Ureinwohner der Cookinseln von Tuanaki. Es soll sich um drei flache, von einem Riff geschützte Inseln handeln. Mit einem Kanu, so heißt es, müsse man von Rarotonga aus zwei Tage lang in Richtung Südwesten segeln.

Im Juni 1843 macht sich Reverend William Gill mit einem Ureinwohner auf die Suche. Unterwegs rasten sie auf der Insel Aitutaki, auf der die Ruhr grassiert. Schon dreißig Menschen sind gestorben. Dort lernen sie einen Mann namens Soma kennen, der ihnen von Tuanaki berichtet. Vor zwei Jahren erst habe er die Insel besucht. Zusammen mit dem Kapitän eines großen Schiffes sei er zum Eiland hinübergerudert. Auf Befehl des Kapitäns habe er mit einem Schwert in der Hand losziehen müssen, um nach Einheimischen zu suchen. Schließlich habe er vor dem Haus des Ariki, des Vorstehers, gestanden.

Aus dem Innern habe der Ariki gerufen: »Wo kommen Sie her? Sind Sie aus Araura?« Er sei eingetreten. Im Innern hätte eine Gruppe Männer gesessen, die wissen wollten, wo der Kapitän sei. Als sie sagten, dass sich kein Fremder fürchten müsste, schließlich könnten sie nur tanzen, aber nicht kämpfen, habe Soma den Kapitän geholt. Dieser nahm Geschenke mit, die er im Haus des Ariki überreicht habe. Darunter seien eine Axt und ein Hut gewesen. Abends hätten sie ein Boot mit Hühnern, Schweinen, Yams, Bananen, Taro und Kokosnüssen zu ihrem Schiff geschickt. Soma und der Kapitän seien sechs Tage geblieben.

Schweigend hört sich Reverend Gill die Geschichte an und will mehr über die Menschen auf Tuanaki wissen. »Sie sind wie wir«, erzählt Soma, »sie fügen sich der Autorität des Ariki und müssen ihren Tribut mit Lebensmitteln begleichen.« Sie sprächen denselben Dialekt und trügen dieselben Ponchos. Die Insel sei nicht länger als eine Nacht entfernt. Doch er selbst wolle jetzt nicht dorthin reisen, auch nicht gegen Geld. Seine Schwester liege im Sterben und eine zweite sei bereits tot.

Reverend Gill gibt seinen Plan vorerst auf. Im Jahr darauf heißt es dann, dass Tuanaki bei einem Vulkanausbruch wie → Atlantis untergegangen sei. Nur wenige Überlebende hätten sich retten können. Möglicherweise sind die Haymet-Felsen ein Überbleibsel der Insel Tuanaki. Sie werden erstmals 1863 gesichtet, als ein Schiff fast an ihnen zerschellt. Wie zwei einsame Türme sollen sie aus dem Meer ragen. Allerdings sind sie seither nicht mehr auffindbar.

WILLOUGHBY'S LAND
ARKTISCHER OZEAN

Position 72° nördlicher Breite

Größe unklar

Sichtungen 1553

Karten Petrus Plancius (1594)

Als das Eis im Frühjahr 1554 schmilzt, machen sich die russischen Fischer auf zu ihren einsamen Fanggründen vor der Nordmeerküste. Noch nie sind sie dort auf fremde Menschen gestoßen, doch nun entdecken sie vor einer Flussmündung zwei geisterhafte Schiffe, die viel größer sind als ihre eigenen. Kein Rauch steigt auf, niemand ist an Deck zu sehen. Die Fischer rufen, bekommen aber keine Antwort, kein Geräusch ist zu hören. Sie klettern an Bord, brechen die Türen auf und erstarren: Überall in den Kojen liegen steif gefrorene Militärs, Matrosen und Händler.

Die Fischer finden ein Notizbuch auf einem der Schiffe, welches sie ihrem Gouverneur überreichen. Es stammt von dem britischen Polarforscher Hugh Willoughby, der darin vom Drama auf der *Bona Esperanza* und der *Bona Confidentia* erzählt.

Knapp ein Jahr zuvor, im Mai 1553, ist Willoughby mit drei Schiffen von London aus in See gestochen. Wie viele Geografen glaubt er an eine Nordostpassage, einen Seeweg am Nordpol vorbei nach Ostasien. Seinen Förderern hat er daher viel versprochen: unentdeckte Regionen, neue Herrschaftsgebiete und vor allem eine kurze Handelsroute nach China. Als die Flotte die Themse verlässt, stehen Hunderte Menschen winkend an den Kais. Kanonen donnern, und von einem Turm aus grüßt König Edward VI. Die *Bona Esperanza*, die *Edward Bonaventura* und die *Bona Confidentia* sind zwar für den Winter ausgerüstet, aber eigentlich wollen sie schon vorher am Ziel sein.

Willoughby ist ein erprobter Soldat, der an den Grenzen zu Schottland gekämpft hat. Das Meer aber kennt er kaum. Auf See sind seine Kapitäne verantwortlich. Sie haben allmorgendliche Gebete angeordnet, Würfelspiele verboten und die Matrosen vor Meerjungfrauen gewarnt. In den ersten Wochen segelt die Flotte nach Norwegen und folgt dort der Küste nordwärts. Anfang August kreuzt sie vor den Lofoten, als ein Sturm aufzieht und die Schiffe trennt. Die *Edward Bonaventura* steuert allein eine kleine Insel ganz im Nordosten Norwegens an, um dort, wie für solche Notfälle vereinbart, zu warten.

Nach einer Woche setzt das Schiff die Reise alleine fort. Kapitän Richard Chancellor segelt an der Kola-Halbinsel vorbei zum Weißen Meer, kreuzt durch unbekannte Gewässer und erreicht schließlich einen Hafen in der Bucht von St. Nicolas nahe dem heutigen Archangelsk. Chancellor wird mit einigen Männern über Land nach Moskau eskortiert und im Kreml herzlich von Ivan dem Schrecklichen empfangen. Gemeinsam feiern sie den neu entdeckten Handelsweg zwischen England und Russland.

Unterdessen ankern die *Bona Esperanza* und die *Bona Confidentia* in einer felsigen Bucht vor der Kola-Halbinsel, nahe dem heutigen Murmansk. Sie hatten den verabredeten Ort erst erreicht, als Chancellor bereits weitergesegelt war. Tagelang warteten sie, dann verloren sie auf ihrem weiteren Seeweg erneut Zeit. »Am 14. Tag entdeckten wir früh am Morgen Land. Wir ließen unser Boot zu Wasser, um herauszufinden, um welches Land es sich handelt, aber wir kamen nicht ans Ufer«, heißt es in den Notizen von Willoughby. Warum sie nicht landen können, wird in den Aufzeichnungen nicht deutlich. Vielleicht ist das Wasser zu flach und voller Tang. Häuser und Menschen sehen sie jedenfalls nicht. Das Land »befindet sich auf dem 72. Breitengrad« und damit in der See nördlich von Norwegen.

Willoughby und seine zweiundsechzig Männer verbringen als erste Europäer den Winter am Polarkreis. Sie sehen Bären, Füchse, Herden von Rentieren und massenhaft Fische. Als es kälter wird, schwärmen Spähtrupps in alle Richtungen aus, um nach Siedlungen zu suchen. Aber vergeblich. Mit ihrer Rückkehr enden Willoughbys Notizen. Letztendlich ist es die Kälte, die den Männern zum Verhängnis wird. Sie heizen mit Kohle, verschließen alle Luken und krepieren an einer Rauchvergiftung.

Erst im Frühjahr werden die Toten von russischen Fischern gefunden. Das Unglück schockiert die Briten. Jene Insel, von der Willoughby berichtet, wird nach ihm benannt. Auch wenn niemand weiß, wo sie genau liegt.

Vier Jahrzehnte nach der Katastrophe zeichnet der niederländische Geograf Petrus Plancius das Eiland in seine Nordpolarkarte von 1594 ein. Er verortet sie in der Barentssee, erklärt aber zugleich, dass er eigentlich nicht an das Land glaube. Es gebe nur einen Grund für ihre Erwähnung: Er wolle nicht, dass ihm jemand vorwerfe, seine Karte sei nicht vollständig.

Als der Entdeckungsreisende Henry Hudson die Insel im Juli 1610 nicht findet, heißt es in England trotzig, dass Willoughby dann halt die Näreninsel oder gar Spitzbergen entdeckt habe. Der Nationalheld soll nicht vergessen werden.

ZU DEN KARTEN

Alle Karten zu den Phantominseln wurden eigens für dieses Buch an-
gefertigt und beruhen jeweils auf historischen Vorlagen. Hier ist ver-
sammelt, was in der Kartografie Rang und Namen hat, ein Kaleidoskop
aus sechshundert Jahren Kartengeschichte. So erklärt sich auch, warum ungewöhnliche Inselumrisse zu finden sind und die Relationen zu
bekanntem Land teilweise absurd erscheinen.

Auch die Längengrade können stutzig machen, entsprechen sie doch
nicht immer unserer heutigen Aufteilung der Welt. Grund hierfür ist
die Neuordnung der Längengrade, die erst 1884 auf der Internationalen Meridiankonferenz in Washington festgelegt wurde.

Und so haben die Karten in diesem Buch zwar, genau wie die Inseln,
mit der Realität oft nicht allzu viel gemein – umso mehr jedoch spie-
geln sie die Vorstellungskraft der Menschen in ihrer jeweiligen Zeit
wider.

ZUR RECHERCHE

Dieses Lexikon erhebt keinen wissenschaftlichen Anspruch und strebt keine Vollständigkeit an. Die Quellenlage erwies sich als schwierig: Bis heute existiert nur eine sehr begrenzte Menge an Sekundärliteratur; dazu zählen die im Quellenverzeichnis erwähnten Bücher von Donald Johnson, Henry Stommel und Raymond H. Ramsey. Doch auch diese beschränken sich vorwiegend auf wenige Inseln im Atlantik. Hätte sich die Recherche nur auf Werke in Stadt- und Universitätsbibliotheken gestützt, wäre dieses Buch nicht zustande gekommen. Glücklicherweise sind mittlerweile etliche jahrhundertealte Originalquellen zumindest auszugsweise über das Internet zugänglich geworden. In virtuellen Fachbibliotheken finden sich darüber hinaus Logbücher oder wenigstens Abhandlungen, in denen aus Logbüchern zitiert wird. Nicht immer konnte jedoch nachvollzogen werden, wo und wann die Originalwerke zuerst veröffentlicht wurden. Und oft genug wurde in den Abhandlungen nicht auf die Quellen für die verwendeten Zitate verwiesen. Einige Zitate sind erst für dieses Buch übersetzt worden. Im Quellenverzeichnis wird deshalb nur auf eine Auswahl von Büchern jener Autoren verwiesen, die prominent in einem Lexikonartikel vorkommen.

QUELLENVERZEICHNIS

ANTILIA

Paolo dal Pozzo Toscanelli: *Brief an Fernando Martinez*
(25. Juni 1474)

ATLANTIS

Platon: *Kritias* und *Timaios* (4. Jahrhundert v. Chr.)
Athanasius Kircher: *Mundus Subterraneus* (1664–1678)

AURORA-INSELN

Amerigo Vespucci: *Lettera* (1505)
James Weddell: *Voyage towards the South Pole* (1827);
Auszug in Henry Stommel: *Lost Islands* (University of British Colum-
bia Press, Vancouver 1984)
Edgar Allan Poe: *Die denkwürdigen Erlebnisse des Arthur Gordon Pym*
(mareverlag, Hamburg 2008)

BALTIA

Plinius: *Über den Ozean* (4. Jahrhundert v. Chr.)
Diodor von Sizilien: *Diodori Siculi Bibliotheca historica* (um 60)
Plinius der Ältere: *Naturgeschichte* (circa 77)
Werke erwähnt in: August Friedrich Pauly: *Real-Encyclopädie*
der class. Alterthumswissenschaften in alphabetischer Ordnung:
Band 3 (Metzler, Stuttgart 1992)

BERMEJA

Alonso de Chaves: *Spiegel der Seefahrer* (1536); zitiert nach:
Carlos Contreras Servín: *La cartografía como testimonio
de la identidad territorial de las culturas prehispánicas* (2009)

BOUVET-GRUPPE

Carl Chun: *Aus den Tiefen des Weltmeeres* (1900)

BUSS

Thomas Wiars' Bericht. In: Richard Hakluyts': *Principal Navigations,
Voyages, and Discoveries of the English Nation* (1589)
Donald Johnson: *Fata Morgana der Meer*e (Diana Verlag,
München 1999)

BYERS UND MORRELL

Benjamin Morrell: *A Narrative of Four Voyages* (1832);
zitiert in Henry Stommel: *Lost Islands* (University of British Columbia
Press, Vancouver 1984)

CROCKER LAND

Donald Baxter MacMillan: *In search of a new land.* In: *Harper's Magazine* (Oktober/November 1915)
ders.: *Four Years in the White North* (1918)

FRISLAND

Nicolò Zeno der Jüngere: *De I Commentarii del Viaggo* (1558);
zitiert in Donald S. Johnson: *Fata Morgana der Meere* (Diana Verlag,
Zürich 1994)

HARMSWORTH-INSEL

Arthur Koestler: *Pfeil ins Blaue*. (Verlag Kurt Desch, München 1952)

Lincoln Ellsworth und Edward H. Smith: *Report of the Preliminary Results of the Aeroarctic Expedition with* Graf Zeppelin (1931).
In: *Geographical Review*, Vol. 22, No. 1., pp. 61–82 (Januar 1932)

Frederick George Jackson: *A Thousand Days in the Arctic* (1899)

JUAN DE LISBOA

Moritz Benjowski: *Reisen durch Sibirien und Kamtschatka über Japan und China nach Europa: Nebst einem Auszuge seiner übrigen Lebensgeschichte* (1790)

The Guardian (1. April 1977)

KALIFORNIEN

Garci Rodríguez de Montalvo: *Die Heldentaten Esplandíans* (1510)

Francisco Preciado: *Relacion de los descubrimientos, hechos por Don Francisco de Ulloa en un viage por la Mar del Morte, en el navio Santa Agueda* 1556; auf Englisch in James Burneys *History of the Discoveries in the South Sea* (Cambridge University Press, Cambridge 2010).

KANTIA

Volkmar Billig: *Inseln. Geschichte einer Faszination* (Matthes & Seitz, Berlin 2010)

Axel Bojanowski: *Ein Traum von einer Insel* (*Süddeutsche Zeitung*, 17. Mai 2010)

Axel Bojanowski: *Inseln der Fantasie* (*Der Standard*, 25. August 2009)

Axel Bojanowski: *Kartenmysterium vor Australien* (*Spiegel Online*, 22. November 2012)

Axel Bojanowski: *Nach zwei Tagen Regen folgt Montag und andere rätselhafte Phänomene des Planeten Erde* (DVA, München 2012)

Rainer Godel und Gideon Stiening (Hrsg.): *Klopffechtereien – Missverständnisse – Widersprüche? Methodische und methodologische Perspektiven auf die Kant-Forster-Kontroverse.* In: *Laboratorium Aufklärung*, Bd. 10 (Wilhelm Fink Verlag, Paderborn 2011)

Sebastian Hermann: *Die fliegende Katze. 1000 Kuriositäten aus dem Alltag* (Knaur, München 2010)

Samuel Herzog: *Die Wilden scheinen wohl gesonnen – Unterwegs in einer fiktionalen Meereslandschaft* (*Neue Zürcher Zeitung*, 22. Mai 2004)

Ulli Kulke: *Wie Inseln plötzlich von den Karten verschwinden* (zeitgleich: *Die Welt*, *Hamburger Abendblatt* und *Berliner Morgenpost*, 7. Dezember 2012)

Stefan Nink: *Meer in Sicht! Island Fantasies* (*Lufthansa Magazin*, August 2012)

KEENAN-LAND

Marcus Baker: *An Undiscovered Island off the Northern Coast of Alaska* (*National Geographic Magazine* 5, 1894)

KOREA

Jan Huygen van Linschoten: *Reisgheschrift van de Navigatien der Portugaloysers in Orienten* (1595)

Itinerario, voyage ofte schipvaert van J. H. van Linschoten naar Oost ofte Portugaels Indien (1596);

Zitate finden sich in: John R. Short: *Korea: A Cartographic History* (University of Chicago Press, Chicago 2012)

Henry G. L. Savenije: *Korea in Western Cartography*

MARIA-THERESIA-RIFF

Jules Verne: *Die Kinder des Kapitän Grant* (A. Hartleben's Verlag, Wien/Pest/Leipzig 1875)

Bernhard Krauth: Recherche auf der Internetseite von Andreas Fehrmann: j-verne.de (Stand Juni 2016)

NEW SOUTH GREENLAND

Benjamin Morrell: *A Narrative of Four Voyages: To the South Sea, North and South Pacific Ocean* (1832)

Sir Ernest Shackleton: *South: The Endurance Expedition* (1920)

Wilhelm Filchner, Alfred Kling, Erich Przybyllok: *Zum sechsten Erdteil – Die Zweite Deutsche Südpolar-Expedition* (Berlin, Ullstein 1922)

PEPYS ISLAND

William Hacke: *Collection of Original Voyages* (1699)

PHÉLIPEAUX UND PONTCHARTRAIN

Vertrag: *Frieden von Paris* (3. September 1783)

J. P. D. Dunbabin: *Motives for Mapping the Great Lakes: Upper Canada*, 1782 – 1827. *Michigan Historical Review*, Vol. 31, No. 1, pp. 1–43 (Spring 2005)

RUPES NIGRA

Mercator: *Brief an John Dee* (20. April 1577); zitiert nach Imago Mundi, Vol. 13, Imago Mundi, Ltd. (1956)

Anonymus: *Inventio Fortunata* (vermutlich um 1364); siehe auch: Chet Van Duzer: *The Mythic Geography of the Northern Polar Regions: ›Inventio fortunata‹ and Buddhist Cosmology*

Jacobus Cnoyen of Herzogenbusch: *Res gestae Arturi britanni*

Jonathan Swift: *Gullivers Reisen* (1726)

SANDY ISLAND

Australia Directory Volume 2; 3rd Edition (1879)

SANKT-BRENDAN-INSELN

Anonymus: *Navigatio Sancti Brendani* (um 570)

Honorius von Regensburg: *De imagine mundi* (um 1100)

Gervasius von Tilbury: *Otia imperialia* (Anfang 13. Jahrhundert)

Viera y Clavijo: *Noticias* (1772)

SAXEMBERG

Matthew Flinders: *A Voyage to Terra Australis* (1814)

TERRA AUSTRALIS INCOGNITA

Ptolemäus: *Geographike Hyphegesis* (um 150)

Johannes Schöner: *Luculentissima* (1515), zitiert nach:

Frank Berger (Hrsg.): *Der Erdglobus des Johannes Schöner von 1515.*
(Henrich Editionen, historisches museum frankfurt 2013)

THULE

Pytheas: *Über den Ozean*

Geminos: *Eisagoge*

Zitate in: Christian Marx: *Lokalisierung von Pytheas' und Ptolemaios'
Thule.* In: *zfv – Zeitschrift für Geodäsie, Geoinformation und Land-
management* (3/2014)

TUANAKI

Zitiert nach: Henry Stommel: *Lost Islands* (1984), dort als Tuanahe

WILLOUGHBY'S LAND

Willoughbys Notizen in: Richard Hakluyt: *Principal Navigations*,
Vol. 2. (1903)

John Pinkerton: *Voyages and Travels in all Parts of the World*
(London 1808)

Eleanora C. Gordon: *The Fate of Sir Willoughby and His Companions:
A new Conjecture.* In: *The Geographical Journal*, Vol. 152, No 2
(Juli 1986)

IMPRESSUM

Die Deutsche Bibliothek verzeichnet diese
Publikation in der Deutschen Nationalbibliografie;
detaillierte bibliografische Daten sind
im Internet unter http://dnb.ddb.de abrufbar.

2. Auflage 2016
© 2016 by mareverlag, Hamburg

Gesamtgestaltung Anna Boucsein, mareverlag, Hamburg
Karten Peter Palm, Berlin
Schrift Akzidenz-Grotesk, Compatil Text
Druck und Bindung CPI Clausen & Bosse, Leck
Printed in Germany
ISBN 978-3-86648-236-4

www.mare.de

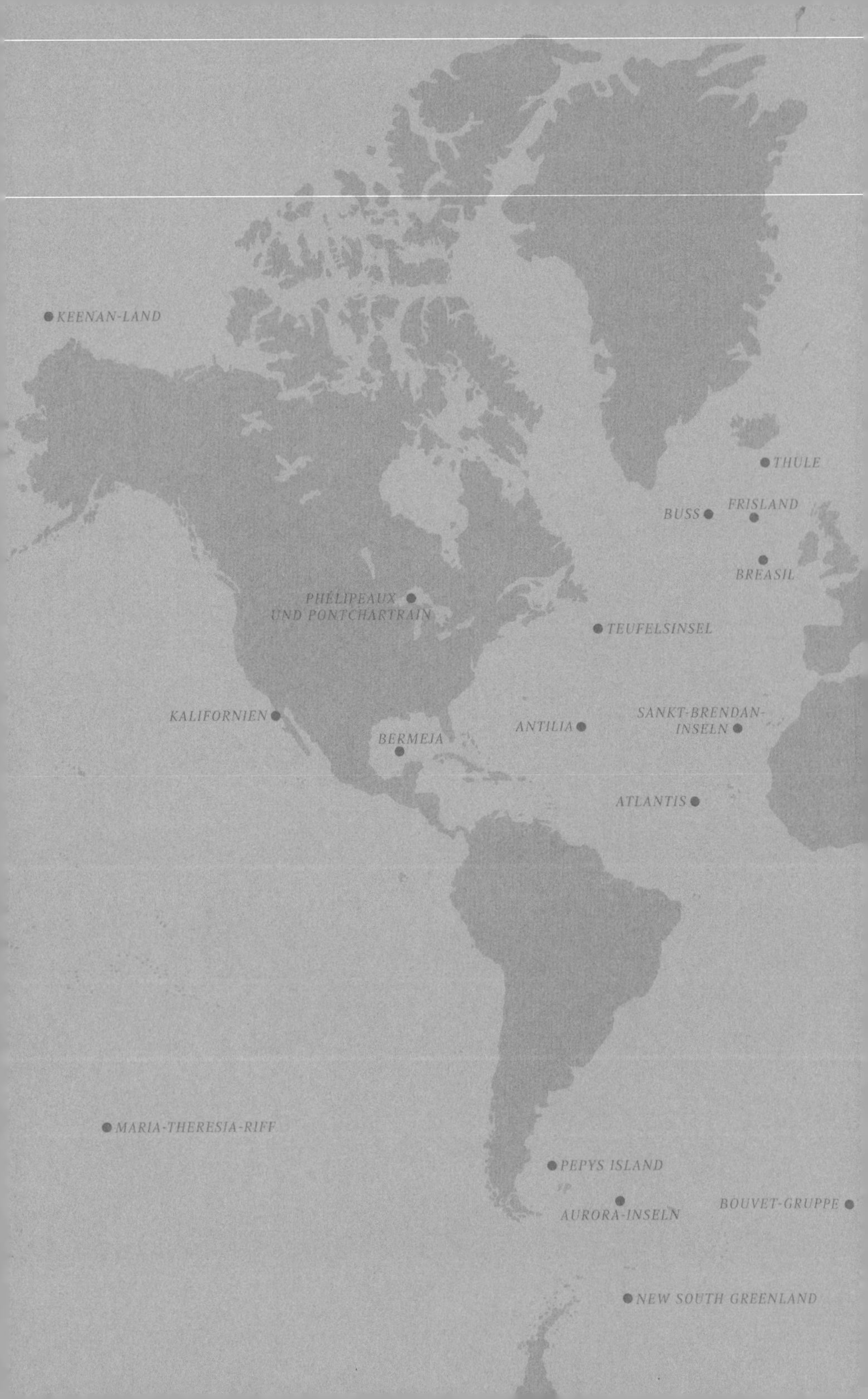
KEENAN-LAND
THULE
BUSS
FRISLAND
BREASIL
PHÉLIPEAUX
UND PONTCHARTRAIN
TEUFELSINSEL
KALIFORNIEN
ANTILIA
SANKT-BRENDAN-
INSELN
BERMEJA
ATLANTIS
MARIA-THERESIA-RIFF
PEPYS ISLAND
AURORA-INSELN
BOUVET-GRUPPE
NEW SOUTH GREENLAND